抖音·
快手·
微信视频号·
B站

短视频电商运营实战

郑皓天 刘俊杰 ｜ 著

化学工业出版社

·北京·

内 容 简 介

本书以抖音、快手、微信视频号、B站4类短视频平台为基础，详细阐述基于这些平台的电商业务运营与管理。

全书共10章，第1章从整体上阐述短视频电商的概况，包括发展现状，较之传统电商的优势，人、货、场逻辑；第2~5章分别阐述短视频电商的账号构建、内容运营、粉丝运营和数据运营；第6~9章分别针对抖音、快手、微信视频号、B站四个平台进行介绍，围绕变现模式展开，这部分是全书的重点，着重介绍相应的方法、技巧、步骤、策略等实用知识，手把手教读者做好不同平台的电商业务；第10章分析短视频电商在发展过程中存在的问题和未来趋势，以指导商家抓住机会，规避风险。

图书在版编目（CIP）数据

抖音·快手·微信视频号·B站：短视频电商运营实战/郑皓天，刘俊杰著. —北京：化学工业出版社，2023.10（2024.10 重印）

ISBN 978-7-122-43700-6

Ⅰ. ①抖… Ⅱ. ①郑… ②刘… Ⅲ. ①网络营销
Ⅳ. ①F713.365.2

中国国家版本馆 CIP 数据核字（2023）第 110780 号

责任编辑：卢萌萌　林　洁　　　　　　　　　　装帧设计：梧桐影
责任校对：王　静

出版发行：化学工业出版社（北京市东城区青年湖南街 13 号　邮政编码 100011）
印　　刷：北京云浩印刷有限责任公司
装　　订：三河市振勇印装有限公司
710mm×1000mm　1/16　印张 12　字数 229 千字　2024 年 10 月北京第 1 版第 2 次印刷

购书咨询：010-64518888　　　　　　　　　　售后服务：010-64518899
网　　址：http://www.cip.com.cn
凡购买本书，如有缺损质量问题，本社销售中心负责调换。

定　价：59.80 元

前 言

短视频的尽头是电商，电商的尽头是带货。短视频电商作为电商领域的一个分支，2020年以来发展迅速。本书基于当前较受欢迎的抖音、快手、微信视频号、哔哩哔哩（bilibili，以下简称B站）4类短视频平台，详细阐述短视频电商运营类知识。

电子商务经过近30年的发展，流量红利已经被挖掘殆尽，获取成本也水涨船高，还面临着不稳定、持续性差等风险。新的环境下电商要想拥有稳定流量，就必须寻找新的途径。随着短视频的火热，很多电商企业开始做起了短视频，这也使短视频电商浮出水面。短视频电商发展非常迅速，并形成一个相对独立的门类——二类电商，是相对于淘宝、京东等电商而言的。

然而，与短视频电商有关的运营、管理知识却非常欠缺。如何保证利用短视频做出业绩，成为很多电商面临的新问题。这就要求经营者必须充分了解短视频的市场需求，精准把握短视频特性，掌握短视频的运营技巧，让短视频与商品完美结合。

（1）迎合需求

短视频电商越来越受到青睐。随着电商流量获取难度的增大，成本的增高，短视频电商被认为是一个千亿市场的"新蓝海"。短视频电商作为电子商务中一种新的流量增长点，已经深深地影响到了电商企业，从某种意义上说，短视频电商是发展趋势。而私域的打造难度比较大，这对中小电商平台来讲既是机会，又是挑战。

（2）简单实用

本书旨在打造一本全面兼实用性很强的短视频电商运营图书。一方面，唤醒传统电商企业转变思路，树立利用短视频的意识；另一方面，让更多传统电商了解、学习更多的短视频运营知识，拓展推广与营销渠道，降低获取流量的成本。

（3）通俗易懂

本书没有复杂的理论推导，只有具体方法、步骤和技巧。同时，结合大量实例分析，可以说做到紧贴实战。在行文上坚持实用性强、简单易懂的原则，使用简洁明了的语言、图文并茂的行文，让读者读起来更轻松，便于读者在最短时间学习书中内容。

目 录

第3章

内容运营：让内容成为一种力量，直抵粉丝内心

第6章

抖音电商：以社交为基础，深挖全域兴趣电商

第7章

快手电商：从内容场到货架场，已实现信任连接

第8章

微信视频号电商：背靠微信，积极布局电商业务

第9章

B站电商：立足二次元文化，加码特色电商业务

第**10**章 短视频＋电商问题应对策略与未来发展趋势

第1章

短视频：
电商底层逻辑被改变，
行业再现新风口

我国的电子商务发展30多年来，已经进入饱和期，而且竞争越来越激烈，电商如果想在激烈的市场竞争中得以续存必须探索新的模式。随着移动互联网的发展，短视频喷薄而出，其具有强大的社交属性和社会属性，从而展现出了电商的新面貌。

1.1 正崛起的电商新秀：以人–货–场为底层逻辑打造新电商

2020年以来最火爆的互联网产品非短视频莫属，移动互联网的发展催生了很多互联网商品，其中短视频最受关注。短视频凭借着互动性强、娱乐性强、简单易操作等优势受到越来越多的关注。

同时，短视频商业化趋势日益加强，很多企业看中了其背后的红利，纷纷涉足其中。中国企业数据库企查猫一份数据显示：我国短视频行业自2000年起，20多年间，相关企业注册7598家；其中2020年增长最快，注册1940家，涌现出一股注册热潮；2021年、2022年开始出现下降趋势，分别注册了1094家和310家。

短视频向电商领域蔓延也是商业化的一个体现。短视频平台逐步强化其电商属性，例如抖音、快手、B站、微信视频号等都有强化电商属性、弱化社交属性的趋势。短视频凭借着超强的获客能力、裂变传播能力，让实体企业、传统电商看到了短视频的风口，纷纷发力做短视频，并将其视为新的盈利渠道；同时，也吸引了带货达人加入，无论是顶流UP主、明星人物，还是普通用户都开始带货，做起了短视频电商。

需求是短视频电商兴起的底层逻辑基础，无论是平台端，还是企业、商家及UP主个人，之所以不约而同地对短视频＋电商感兴趣，归根结底都是发现了巨大的需求。有需求的地方就会有流量，有流量的地方就会有生意。而从消费端看，大部分短视频用户确实是有强劲的消费需求。

2022年的一项统计数据显示，在过去的几年内，用户在短视频上的需求份额，"娱乐"需求占比高达75.30%，其次是"社交"和"记录"，分别占51.30%和28.50%，电商位列第四，占比27.40%。电商虽然只占到1/4左右，但就庞大的用户基础而言，消费潜力也是非常巨大的。可见，短视频对电商消费的促进作用是非常大的。用户在短视频上的需求统计，具体如图1-1所示。

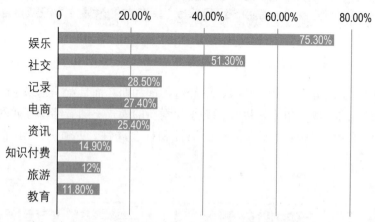

图1-1　用户在短视频上的需求统计

综上所述，平台、商家、粉丝三者以"需求"为中心，共同构建起了短视频电商的底层逻辑，即人、货、场，只要相互之间形成良性循环，短视频电商未来可期。

短视频电商的底层逻辑如图1-2所示。

图1-2　短视频电商的底层逻辑

1.2 短视频电商4大优势

在人、货、场间整个循环链条中，核心是需求，而这个需求来自哪儿？就是短视频电商这种新型模式本身，正因为它具有天然的、不可替代的优势，同时解决了平台、商家、粉丝遇到的各自的问题。

1.2.1 大大降低商家的准入门槛

电商主要有两种形式：一种是一类电商，如淘宝、京东等；另一种是二类电商，即依托短视频平台而存在的电商，如抖音电商、快手电商等。短视频大大降低了电商的准入门槛，使人人皆电商。

同时，市场上各大主流短视频平台发展已经相当成熟，都正在不遗余力地布局电商战略，这无疑为短视频电商的崛起和发展打开了另一条生存之路。在短视频平台上做电商较为容易，几条爆款视频就有可能成就一个品牌。

原生态短视频更是带火了一批"乡土网红"。没有华丽的服饰，也没有刻意安排的剧情，仅仅是用手机拍下农村生活，不到3年时间，黄梅女孩"乡野八妹"就收获了200多万粉丝，成为农业领域最红的账号之一。如今，她在田间地头拍摄短视频，为农产品代言。

身高不到1.4米的"鄂东老男孩"文刚，整天穿梭在乡间小路，为乡邻维修家电，陪留守老人唠嗑，拍短视频给观众看，在各大社交平台拥有300余万粉丝，收入也见涨。

短视频能火，主要是供需两端双重作用的结果。在需求端，短视频满足了信息碎片化时代用户的视听需求；在供给端，不少短视频平台依据算法给用户推荐喜好的内容，通过并调动其拍摄、上传的积极性，从而丰富平台内容。

毫不夸张地说，短视频电商是目前为止进军电商领域门槛最低的。对淘宝/天猫、京东、微商、拼多多、短视频电商这5类电商需要的资源进行对比分析，具体如表1-1所列。

表1-1　短视频电商与传统电商所需资源对比分析表

需要的资源	淘宝/天猫	京东	微商	拼多多	短视频电商
货源	☼	☼	☼	☼	✈
发货	☼	☼	☼	☼	✈
资金	☼	☼	☼	☼	✈
文案策划	☼	☼	✈	✈	✈

续表

需要的资源	淘宝/天猫	京东	微商	拼多多	短视频电商
客服	☼	☼	☼	☼	✈
运营知识	★★★	★★★★	★★	★★★	★
视频拍摄	★★	★★★	★	✈	★
平台流量	★	★★★	✈	★★	★★★

注：☼代表需要的资源；✈代表不需要的资源；★代表难度。

（1）货源

淘宝、天猫、拼多多，包括微商这类电商对货源的要求比较高，通常需要有优质货源的保证，如果想要在价格、质量上占据优势，也必须找到优质的商家。而短视频电商则完全不需要担忧货源问题。它可以直接将淘宝、天猫、京东、网易考拉等电商平台的商品链接，添加在自己的短视频小店中，作为自己的商品进行销售。

（2）发货

短视频电商由于在货源上依赖于传统电商平台，它与淘宝、天猫、京东、网易考拉等电商平台保持着高度的一致。因此，往往不需要囤货，随卖随发。

（3）资金

传统电商开店必须缴纳一定金额的保证金，淘宝开店需要交保证金，京东、天猫数额更大。微商的代理机制，虽然不需要开店保证金，但回款慢，没有一定的资金储备是很难正常开展的。短视频电商在资金方面压力比较小，比如抖音小店，由于商品品类不同，投资金额在2000～10000元不等。

（4）文案策划

淘宝、天猫、京东、拼多多这类电商每上传一件商品，就需要一套主图和详情页。主图和详情页最核心的就是文案，文案写得有吸引力才能将商品特色传递出去，而大部分商家和品牌自身是没有文案策划和撰写能力的，这就需要外聘文案人员，或找有文案功底的专业人士代做。短视频电商完全没必要。

（5）客服

与文案人员一样，无论是网店还是微商都需要专业的客服，以解决消费者在购买前后的问题。这不但对专业要求较高，而且非常费时费力。而短视频电商不需要这样的客服，只需要把商品挂到视频上，有流量就可能有成交。

（6）运营知识

在运营上，淘宝、天猫、京东、拼多多电商与短视频电商都需要做，但运营的程度不同。传统电商平台大都是比较成熟的平台，要求较高，商家和品牌要会选品，懂搜索引擎优化（SEO），会数据分析，还要做推广，而短视频电商只对选品、数据分析依赖较大，只要做好这两项往往就能出单。

（7）视频拍摄

视频在传统电商与短视频电商中的地位不同。在淘宝、天猫、京东等平台上，视频只是辅助商品进行销售，而且大多数都是广告性质的。而视频是短视频电商的主要表达方式，而且内容更丰富，样式更多样化，更贴近生活。

当下，很多人已经十分厌倦充斥着诸多广告的视频，更愿意看贴近生活的真实风格。这就好比人们对卖家秀已经半信半疑，更愿意通过买家秀来判断商品的真实情况。

（8）平台流量

流量对任何形式的电商都是非常重要的，但性质不同。淘宝、天猫、京东、拼多多上的流量叫公域流量，竞争激烈，获取难度大，而且已没有了红利。而短视频平台大多属于私域流量，获取成本低，触达用户的能力更强，而且可以反复利用。

综上所述，短视频电商更适合没有资金、没有货源、没有团队的普通人，是目前电商领域门槛最低的创业形式。不过，门槛低是相对传统电商而言的，并非意味着真的容易，因为任何商业机会都需要天时、地利、人和，需要创始团队不断付出。

比如，UP主的养成、爆品的诞生、品牌的升级、消费者的认可等，每一步都充满变化、挑战。没有一步到位，没有一步登天，必须靠一步一个脚印地去做。

1.2.2　建立以需求为导向的精准营销

短视频颠覆了传统的营销思维和模式。传统电商做品牌或商品营销，通常需要先对品牌或商品进行策划、定位，然后再制订营销策略、确定营销渠道，最终去对接市场，而在短视频平台上完全不必这么做。

短视频营销超越了营销本身的范畴，核心不是推广和卖商品，而是社交和引流。通过高质量的视频内容及高参与性、互动性先获取粉丝的喜欢和认可，建立情感联系，然后再以情感为纽带，触发粉丝购买欲望、购买行为。

在短视频上做营销本质上不是直接卖货（除直播带货外），与粉丝的关系也不是纯粹的买卖关系，而是重在通过一系列内容展示、情感互动来引导粉丝对品牌或商品进行深入了解，间接带动消费。

传统营销与短视频营销区别在于营销思维的不同，思维则决定思路。传统营销与短视频营销路径对比图如图1-3所示。

从图1-3中可以看出，传统营销与短视频营销差别在于营销出发点和营销路径有所不同。传统营销是以商品为出发点制订营销策略，短视频营销是以粉丝为出发点制订营销策略。正是因为出发点不同，因而收到的效果也有很大差异。

传统电商的营销模式，从商品策划到消费者购买，每一步都环环相扣，整个过程中任何环节出现问题都可能影响到最终的效果。短视频电商则不同，卖什么、如

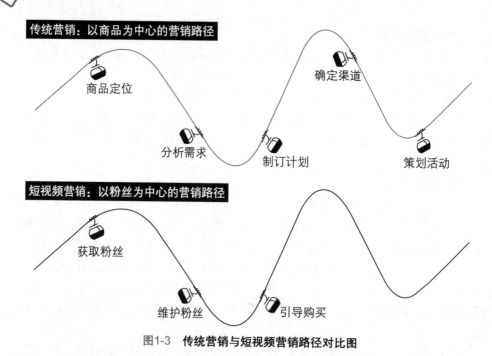

图1-3　传统营销与短视频营销路径对比图

何卖已经不是重点，关键是要能够拥有一批高质量的粉丝。粉丝不是普通意义上的消费者，他们不但有购买行为，而且还在用这种行为表达一种情感，这种情感往往会带来更大的价值。

曾火爆全网的鸿星尔克充分说明了这个问题。该企业长期处于亏损状态，这也说明它的传统营销几乎陷入了崩溃，无法创造利润。利润的亏损让鸿星尔克逐渐淡出大众视野，但2021年夏的一次公益捐款后，鸿星尔克重新进入大众视野，并且借助短视频带来了一波"野性消费"，运动鞋、衣服等都被抢购一空。

当时，鸿星尔克首席执行官（CEO）在直播间号召大家理性消费，结果反而激发了更疯狂的消费。抢完鞋抢衣服，抢完夏天的抢冬天的，总之，网友来到鸿星尔克直播间的目的就是必须带走一件东西，不看款式、不看价格，而且可能根本不需要，家里也许真的不缺一双鞋、一件衣服，但最终就是买了。

也许，在这种情况下"合适不合适""需要不需要"已不再重要，重要的是在表达一种情感：我要支持这个低调的爱国企业，支持这个不断亏钱的民族企业。消费完之后还要在朋友圈晒，证明自己是一个"爱国青年"。

所以，短视频消费是很野性的，它带有某种情感，买什么不重要，关键是能给自己带来某种情感满足，带来属于自己的高光时刻和优越感。这正是短视频营销颠覆传统营销的地方，不以"产品"为核心，而是"以人为本"，以"消费需求"为导向，不被动消费，而是反过来主动消费。

1.2.3 为品牌带来巨量曝光度

在流量红利逐渐消失的互联网下半场，短视频带来了全新的、巨大的流量，逐渐成为各行各业追逐的对象。一方面，竖屏制式的短视频内容正在成为业内关注的一大热点；另一方面，"微型化"已经成为一种行业趋势。短视频正在为品牌方提供更多的营销机遇，为商品曝光进一步奠定基础。

短视频有在短期内快速传播的特点，最大限度地满足了品牌曝光的需求。很多人一定没有想过在抖音上兜售信用卡业务，但青岛农商银行做到了，它将一项传统的业务成功搬上了抖音，转型成一个特殊的"电商"。

随着媒介传播方式的改变、移动互联网技术的普及，以及应对疫情下"零接触"式业务的需要，不少银行等金融机构也发力线上渠道，其中以青岛农商银行最为典型。2020年6月青岛农商银行在全行范围内推行"农商网红计划"，在全行选拔UP主、短视频爱好者，组建抖音短视频团队。

2020年8月"青岛农商银行""活力小商君"两个官方抖音账号正式启用，这是两个定位完全不同的账号，主号"青岛农商银行"定位为"看见可爱农商"；"活力小商君"定位为网红账号，打造专业又可爱的农商人形象。昵称为"圆圆"的员工就是该账号的主角之一，凭借夸张有趣又充满张力的表演以及良好的气质外形逐渐被粉丝熟知。

2022年3月青岛农商银行的抖音团队开启了第一次抖音直播带货，主要宣传信用卡业务。向来有粉丝缘的"圆圆"走进了直播间，与粉丝面对面互动，在没有进行任何广告推流的情况下进行了一场2小时20分钟的直播活动，共吸引14136用户、17403次观看，平均停留时间2分26秒，超过抖音平台79%的UP主。

而这次直播的效果也是立竿见影，在"圆圆"刚下播后，青岛农商银行抖音团队迅速将直播引流来的粉丝成立了3个粉丝群，营销人员在各个群精准投放各类商品信息。直播间品牌露出、线上实时互动、粉丝群营销扩散等环节实现了营销的全闭环，为短视频流量转化找到了出口。

抖音短视频使品牌或商品在短时间得到巨量曝光。也正因为此，短视频成为很多电商企业在特殊节点营销中十分受欢迎的工具。

短视频传播速度之所以如此快，与图1-4所示的4个因素有关。

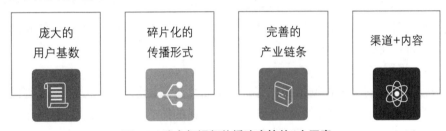

图1-4　决定短视频传播速度快的4个因素

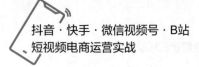

（1）庞大的用户基数

庞大的用户基数决定了短视频的传播速度快，截至2021年6月，我国短视频用户数规模达9.62亿，占网民整体的91.5%。平均1个小时的使用时长，二创内容的裂变式传播力屡创新高，让短视频成为很多品牌的选择。

（2）碎片化的传播形式

年轻人作为互联网用户的构成主体，更加习惯于碎片化的阅览与取得。90后、95后是年轻化用户的分水岭，这一代人深受互联网的影响，纸媒、电梯楼宇广告等传统途径已不足以引起他们的关注。相反，快速兴起的交际网络使得围绕90后的交际场成为品牌垂直攻略年轻受众的最有效途径。

（3）完善的产业链条

就短视频自身的发展而言，已形成完善而成熟的产业链，如果把平台渠道看作是基础设施，现在的平台渠道可以说是非常健全。

例如，抖音、快手等短视频内容已十分宽泛，包括音乐、食物、舞蹈、政府事务、人文、家庭等。短视频平台为商家提供了一个创造性的平台，点击率甚至超过了官方媒体和主流媒体，传播方式也从"点到面"转变为"点对点"，所以短视频也取得了有效的传播。

在短视频产业链中，有众多角色正在加入，包括新媒体人、市场营销人员、运营人员、互联网人、广告人等。这些形形色色的角色进入了短视频领域，共同构成了一个完整的产业链。

（4）渠道＋内容

将短视频分享至微信、QQ、微博等社交平台，传播渠道多元化。除平台渠道之外，还有大量的专业生产内容（PGC）、用户生产内容（UGC）团队，以及多频道网络（MCN）机构。基于平台生产内容、广告主投放、UGC传播等多管齐下，传播效果可观，足以让短视频内容能被更多粉丝看到。

1.2.4　消费场景化，极大提升购物体验

随着消费升级和消费意愿、习惯的转变，年轻一代在购物时更加注重内在的自我和极致地表达。一项调查显示，2022年消费者更在乎内在的精神与舒适度。"择更为舒适、体验感更佳的品牌"位列第一，"买更高品质的产品"则排到了第二。而这与短视频电商的用户属性是非常吻合的，短视频电商的用户群体平均年龄非常年轻，大部分为95后、00后。

（1）场景化

短视频营造的是一种场景化内容，但这恰恰是短视频的优势所在。而与图文比较，短视频提供了更加刺激的感官体验，是不错的体验式营销渠道。相较于单一的品牌故事叙述，富有场景的沉浸式营销更容易打动用户。

2022年"818"好物节，抖音电商创新性地组建了好物实验室，请来一众知名脱口秀演员作为"好物推荐员"。在台上表演的同时，将自己推荐的好物融入脱口秀中，以亲身经历带领粉丝"沉浸式"消费。

脱口秀是一种观察和解构生活的表演形式，能凸显极强的生活洞察力，抓取大众情绪共鸣点。"发现好物实验室"的推荐员都是通过角色扮演，应对消费人群对应的货品需求。

比如，有的借宣传全国巡演的段子表现自己享受KONO"沙龙级的专业护发体验"，从用户体验出发完成对品牌轻奢调性的强化。有出油和脱发的年轻人，也会被唤起出席重要场合的造型焦虑，进而对洗发水品牌产生好奇和购买欲。

有的以妻子的身份，自我调侃"妈妈做饭不好吃，宝宝拒绝"，再顺势引入能满足宝宝天生营养的商品。

有的通过分享自己打篮球、玩飞盘的有趣段子，顺其自然地引出自己运动暴晒的过程中，皮肤干燥或灼热，进而影响拍照和社交的困扰，再自然提到某皮肤屏障修护保湿霜的修复功能。

脱口秀能在瞄准消费者痛点，引发共情的时刻，讲出凸显商品利益点的故事，建立粉丝对商品的深刻认知，同时"边笑边种草"的娱乐化形式也能助推品牌大众好感度，达到品效一体。

当富有体验感、深度种草的营销成为趋势，相较于传统的营销，短视频的优势就凸显了出来。短视频更具三维立体性，结合声音、动作、表情等于一体，可以让用户更真切地感受到品牌的发光点，是更具备表达力的内容形态。

（2）社交属性强

社交是短视频平台的共性，大多数平台都有一定的社交属性。如今短视频基本都是以社交为主，先依靠高度娱乐化的内容吸引粉丝关注，然后利用粉丝黏性打造更有价值的内容。

抖音有一个非常具有娱乐性的板块——话题挑战赛，通常由用户（主要是UP主）发起，官方助推，引导其他粉丝进一步参与。抖音话题分为三种：第一种是普通话题，人人都可以发起；第二种是有头像、有描述的AD话题；第三种是挑战赛话题，可以插入品牌官方信息、活动规则、链接等。对于电商而言，多以第三种话题为主。

挑战赛是抖音在2017年7月上线的一个功能，这个功能引流能力特别强，动辄上亿级的流量。不少品牌正是看到了挑战赛的巨大商业价值，知名车企起亚就是其中之一。

起亚在抖音官方账号"起亚官方账号"上发起了题为"#Kpose挑战赛"的话题活动，引发了大量网友的参与，总播放量超16亿，点赞量61.9万次，活动截图如图1-5所示。

起亚这场挑战赛吸引如此众多人的参与，让新品在红海营销中脱颖而出，就充分凸显出短视频在品牌传播方面的优势。抖音挑战赛遵循的是一条"KOL示范，全民模仿众创"的运营逻辑。话题相当于为腰部用户提供了生产优质内容的命题以及参考范本，降低优质内容的生产门槛。

（3）趣味性强

短视频电商"人格"属性非常强，在社交的同时从种草到购买一气呵成。这就使得在购买趣味上独具优势，用户可以边互动边买东西，边看视频边买东西。

图1-5　起亚抖音"Kpose挑战赛"活动截图

1.3　人：进行消费升级，满足多元化需求

短视频电商通过短视频平台来推广商品，让用户进入购买页面，形成"边观看边购买"的一种模式。这里的"人"主要是指平台上的用户，上面讲到短视频电商的用户大都是迷恋自媒体、追求多元化、喜欢展示个性的年轻一代。所以，从某种程度上讲，抓住这部分人的需求就抓住了市场的核心需求。

要想满足这部分人的需求，先要知道他们有哪些需求。短视频用户需求通常有如图1-6所示的6类。

图1-6　用户对内容需求的分析

（1）娱乐消遣

类似于刷抖音、快手，短视频对于很多人而言就是为了娱乐、消遣、打发时间。当初是刷微博、朋友圈，现如今是刷短视频，短视频的爆发，圈走了十分之一的大众总时间。这部分人显性消费需求虽然相对较弱，很难有直接消费，但通过深度挖掘，潜在需求仍然很大。

这部分人占据着绝大多数，一旦开发出这部分人的消费需求，那转化量是巨大的。对于这部分人，在视频内容上要多一些娱乐性、互动性，注意潜移默化去引导，直接展示、推销商品效果不佳。

（2）获取资讯信息

以往人们了解国内外大事都是通过电视，晚上六七点坐在电视机前看新闻联播，或者听广播、看报纸，而现在通过短视频随时随地了解新闻资讯则成为常态，而且短视频有自己的优势，直观明了，重点突出，不仅能实时掌握时事热点，还能节省时间。

随着短视频的快速发展，传统方式已经无法满足现代人获取信息的需求，人们越来越倾向于使用短视频平台来快速、有效地获取知识。

（3）进行深度阅读

观看短视频除了打发时间、获取资讯信息之外，还有一部分人是为了深度阅读。经常逛知乎的人对一句广告词颇有同感："你知道吗？你真的知道吗？你确定你知道吗？有问题上知乎！"

很多爱阅读的人已经脱离了传统的纸质书籍，传统书籍阅读由于比较枯燥，可读性差，很难引起年轻一代人的共鸣。社交平台集社交与阅读于一体，为此，知乎上线了一个深度阅读的窗口——短视频，满足用户对深度阅读及碎片化的需求。

（4）追求个人价值

追求个人价值被誉为用户使用短视频的根本驱动力，旨在通过短视频的形式，将自身有价值的部分展现出来，进而实现个人价值的提升。

该需求在马斯洛需求理论中处于第五个层次，是最高层次的需求，即自我实现的需求。自我实现需求是指实现个人理想、抱负，发挥个人能力到最大程度，达到自我实现的境界。比如，有的人将自己的旅程做成短视频，并附上自己总结出的旅行攻略，这对其他用户有很大的指导作用。还有一部分擅长厨艺的人，将自己做美食的过程制作成短视频，如DIY美食分享，通过粉丝数、评论来体现个人价值。特殊职业的人还可将自己所从事的职业，通过短视频的方式进行宣传，如英语教学工作者，每日更新一则英语单词记忆方法。这对于制作者而言，都是一种自我价值的实现，日积月累不断扩大自身的效应。

（5）满足情感需求

情感需求是一种感情上的满足，一种心理上的认同，是指用户在使用移动短视

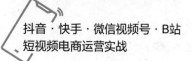

频时，精神上所获得的满足感与愉悦感。

这种情感需求主要体现在视频社交化和成品制作的过程中。视频社交化满足了人们日常交流沟通的需求，该方式交流要比现实中交流更轻松、愉悦。通过短视频的方式既可展示自我，也可了解对方，收获其他有相同爱好的人。

在成品制作方面，用户可根据自己的情况制作自己的短视频内容，分享自身领域内的知识，传播给更多用户，同时还能享受视频带来的点赞与评论。这些都会对发布者的自我价值产生积极影响，让他们感觉到认同感和归属感。

（6）寻求消费指导

有的人观看短视频，更多是为了享受短视频带来的全新的传播场域和节目形态。小屏幕、快节奏成为行业潮流的同时，也催生了新用户的消费习惯。

就像当初很多人买相机习惯逛相机论坛一样，现在购买什么，第一时间不是泡论坛，而是浏览抖音、B站、小红书等平台。其实，这个过程就是一个寻求消费指导的过程，通过平台，对商品的基本信息、优惠信息及购买价值等先有个基本的了解，从而再决定是否消费。

1.4　货：根据人找货源，而不是囤货再找人

1.4.1　传统电商

这里的货是指货源，泛指那些为平台提供货源、为粉丝提供终端商品或服务的传统电商、实体企业/商家、个人等。其实，他们也是短视频平台上的3个经营主体，由于在传统渠道遭遇发展瓶颈，转型寻求新的渠道，转型做短视频电商。

小王是一位淘宝女装店主，经营多家淘宝店铺。她在淘宝红利期时加入，那时由于竞争很小，赚得盆满钵满。随着短视频的兴起，很多消费者逐渐转向抖音、快手、B站等平台，尤其是这些平台纷纷布局电商后，很多人的消费习惯彻底被改变。

与此同时，传统电商平台流量减少，获客成本上升，获利越来越难。小王虽然试过很多方法，增加营销推广费用，但营业额仍不断下降，投入产出比仅能维持40%左右。2021年年初，小王果断转战抖音短视频，短短几个月销量翻了3倍。

像有小王这样境遇的传统电商不在少数。随着竞争越来越大，推广、人工成本不断攀升，利润空间不断压缩，传统电商正在遭受十多年来最大的冲击，躺着就能赚钱的年代已经一去不复返。短视频电商打造的是一种以社交＋兴趣＋内容为主的新型电商模式，这一模式的到来为传统电商带来了一线生机。

鉴于此，不少商家和品牌开始将目光转向短视频平台。传统电商、短视频电商

虽然都是电商，有着一脉相承之处，但在经营思维上却有很大的不同，要想成功转型需要全面认识短视频电商的本质。只有了解了本质，才能从传统电商的经营思维模式中快速转化过来。

了解短视频电商的本质，具体可以从如图1-7所示的4个方面入手。

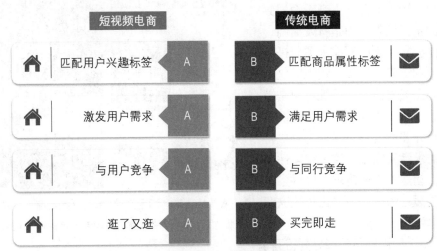

图1-7　传统电商成功转型短视频电商的4个做法

（1）匹配用户兴趣标签和匹配商品属性标签

这个问题反映的是流量推送机制问题。短视频本质上是内容互动社区，短视频电商也是建立在这个基础之上的，因此又叫内容电商。短视频电商的经营逻辑就是打造高质量的内容，通过内容获取流量。

在短视频电商中，货也是内容之一，有好货就等于有了好内容，就能得到更多流量。比如，张三经营的某个商品特别有特色，把它拍成视频简单展示一下，哪怕不需要太多的修饰，对那些想要买这个商品或有潜在需求的人而言，就是一个很好的内容。喜欢这个视频的人越多，平台越会给予更多流量倾斜，相应的，该商品就会得到更多的展现。这就是短视频电商的流量逻辑，流量会根据用户兴趣标签来匹配。

而传统电商平台是搜索电商，流量是根据商品属性标签和潜在消费者搜索的关键词去匹配。然后再根据关键词热度、店铺综合评分去排序给予不同的流量，所以，与短视频电商是完全不同的两个推流机制。

（2）激发用户需求和满足用户需求

无论传统电商还是短视频电商，最终目的都是为了满足用户需求。但在具体的需求路径上是不同的。比如，一个人想在淘宝上购买衣服，往往是有了购买需求之后，按照心中预想去搜索。也就是说，在消费之前都会有明确的预期，买什么款式的，价格范围是多少等。

而短视频电商则不会遇到这样的用户，因为大部分人观看短视频的目的不是消费，而是打发时间、娱乐，要想产生购买需求需要进一步诱导和激发。所以，短视频电商的核心是激发需求，传统电商是满足需求，如图1-8所示。做短视频电商首先要激发用户需求。只要将用户需求激发出来，这种牢固性比用户主动送上来的需求要好得多，这也是短视频电商用户比传统电商用户忠诚度高的原因。

▲传统电商-满足需求　▲短视频电商-激发需求

图1-8　传统电商与短视频电商的需求机制

（3）与用户竞争和与同行竞争

大多数人通过短视频消费，包括在直播间消费，很大程度上属于冲动消费，因为他们之前是没有消费计划的，而是经过UP主的一个强种草过程，产生了临时性购买激情，最终完成下单。

在这个过程中，我们的对手不是同行，而是用户。因为用户沉浸在短视频或直播间这个氛围当中，心里也在买与不买之间徘徊，这时就是UP主和用户之间的博弈，UP主能说服对方就下单了，没说服就走了。

而在传统电商平台上，用户通常会货比三家，不仅在同一平台各个商家之间比，还要跳出平台，跨平台对比，多方权衡最终才能决定在哪儿买。所以，这个时候同行是对手，商品需要比同行的性价比更高，或者附加值更大，才能留住用户。

从这个角度看，短视频电商的留客能力更强。用户在短视频或直播间看中一个商品，不可能再去搜一下再决定是否买，一是可能搜不到，二是当搜到时直播也结束了，随之该商品也很难再买到。不过，最主要的是要提升氛围，延长用户停留时长，让用户处于一个沉浸状态。

（4）逛了又逛和买完即走

停留时长很大程度上影响着消费行为，用户在短视频上的停留时长，要远远高于传统电商平台。停留时长是指消费者平均每一次到场，在场内所消耗的时间，反映消费者游逛的时间长度。

在短视频上，用户可以做到更长时间的停留，尤其是头部UP主，让用户在直播间达到沉浸式购买，不喜欢这款还可以看下一款，直至下单为止。即使退出直播间也可以继续刷视频，短视频天然的内容属性，使用户愿意停留更长时间。

而在传统电商中，当用户看完某个商品详情页，发现没有需求，或者说发现这个商品不太适合自己就走了，不会再买下一个商品，因此是很难长时间留住用户的。

短视频电商与传统电商的不同，决定了运营路径的不同。结合用户需求看，短视频电商迎合了用户需求，正处于上升通道，传统电商逐步偏离用户需求，处于下降通道。

1.4.2 实体企业/商家

短视频是当下很多实体企业/商家摆脱萎靡线下市场、开拓线上市场的重要途径之一。不但可以很好地扩大品牌知名度，还可以接轨年轻消费者的需求，提高商品销量。一个优秀的UP主销售额相当于线下一个店铺的总量，顶级UP主甚至抵得上一栋百货大楼。

然而，对实体企业/商家而言，转型短视频电商犹如隔一座大山。电商企业转型相对容易，但实体企业/商家是靠线下起家，在开拓线上市场方面有不少短板。实体企业/商家与电商企业所处的营商环境不同，对短视频平台的运用，绝大部分仍停留在简单的宣传、推广等方面，无论人员配备还是操作方式，都不具备真正的转型条件，无法深入到大规模变现上来，这也使不少实体企业/商家放弃了短视频这个大赛道。

实体企业/商家转型短视频电商首先要解决的是运营模式问题，即如何实现线下和线上的对接。实体企业/商家做短视频电商常见的模式有如图1-9所示的4种。

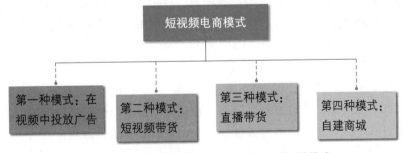

图1-9　实体企业/商家转型短视频电商的4种模式

（1）第一种模式：在视频中投放广告

在短视频中投放的最常用一类广告形式是定制广告。它的逻辑与传统广告类似。操作方式以单个商品为素材，制作与商品相关的短视频内容，如故事主导的原生广告、商品主导的商品广告。

不同的是，时长不同、传播途径不同。传统广告时长相对较长，传播途径单一，短视频定制广告时长较短，爆点密集，内容更有趣，最主要的是可以循环播放，达成二次、多次传播效果。不过，这类广告也有固有的缺陷，即广告属性太强，播放量往往很有限。好在广告数量不受限制，可以通过数量来弥补，形成广告集。

运动品牌斐乐抖音官方账号上的一则广告，单个播放量只有2.3万，评论量也不足5000，但看它的官方账号366个视频，粉丝量206万，总点赞量212.7万。同理，还有

图1-10　**短视频广告投放实例**

羽绒服品牌鸭鸭，官方账号2000多个视频，粉丝量152万，总点赞量37.3万。如图1-10所示。

（2）第二种模式：短视频带货

短视频带货，简单来说就是用短视频直接卖商品，这也是目前短视频变现最成功的模式。用短视频卖商品，目的是间接带动销量。

带货型的短视频一般分为两种，一种是内容型短视频，另一种是开箱型短视频。内容型短视频是带有故事的短视频，是向粉丝展示商品的简短故事或相关内容。粉丝观看完视频后，可以点击屏幕顶部进行购买。开箱型短视频是先向粉丝介绍商品，然后将商品逐一拆开，向粉丝展示如何使用，并在开箱视频中嵌入商品链接，点击链接将跳转到电商平台。

（3）第三种模式：直播带货

直播带货是在直播间，通过UP主与粉丝的互动直接卖货。在直播室中，UP主在直播间展示新商品，并且有商品链接，粉丝可以直接通过视频和主机看到商品试用的整个过程，全面掌握商品的各种信息，快速判断商品是否适合自己，从而达到观看时购买的目的。

直播除了直接销售商品外，还可以在前期热身，与平台合作创建线上线下推广。因此，成为很多实体企业/商家青睐的运营模式。

实体企业/商家转战短视频平台最基本的一个条件就是确定卖货UP主。实体店中卖货的人通常只有导购员，而在短视频平台上则不然，可以是一线导购，也可以是老板/创始人，还可以聘请专业UP主。当然，不同角色的卖货UP主各有优势，要

根据自身实际、产品特性来做具体选择，不能一概而论。

不同角色卖货UP主的优势如图1-11所示。

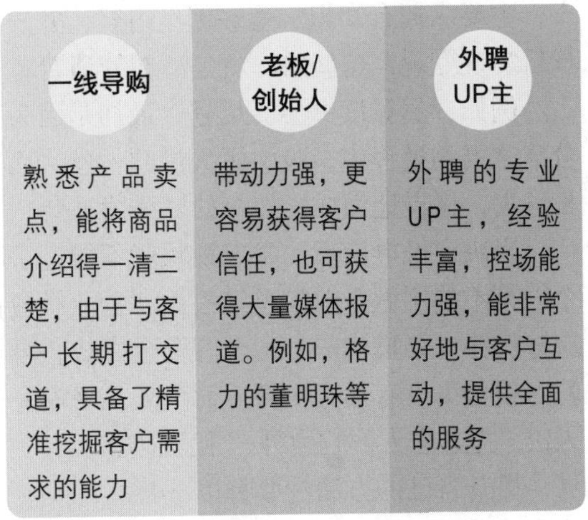

（4）第四种模式：自建商城

近年来，越来越多企业放弃与第三方平台合作，建立自己的商城系统。许多短视频软件也在不断完善自己，建立自己的商城，其用户使用短视频软件即可进一步完善，将视频上传至商城，配上商品文案即时展现、即时留存、即时成交。当消费者看到想购买的商品，就可以直接下单、支付。

以抖音、快手为首的短视频电商平台有着非常复杂的运营体系和流量逻辑，实体企业/商家想要做好短视频电商，第一步就是开通线上店铺，如抖音小店、快手小店等，实例如图1-12所示。

抖音、快手是布局自建商城比较完善的短视频平台。比如，早期的快手是没有商城的，只是单一开放第三方接口来衔接线上线下。后期才出现"快手小店""快手购物助理"小程序，这也预示着真正意义上完成了线上线下生态的闭环。再如，抖音2021年将重心放在了线下业务上，从开放本地同城服务、地图等板块功能可以窥见，抖音在政策、布局上已经倾向于积极扶持线下企业转型。

图1-11　不同角色卖货UP主的优势

图1-12　实体企业/商家开通短视频店铺实例

其他电商平台也在积极构建自己的商城体系，构建商城体系的核心是打造真实的购物场景。较之线上店铺，实体店有一个优势是场景真实。真实购物场景，更容易获取消费者的信任，激发消费者的欲望。

1.4.3　个人

短视频电商的主体除了传统电商实体企业/商家外，还有一个庞大的群体——个人，包括带货主播、KOL等。他们大多数是各行各业的"草根"，并非专业人士，主要靠拥有知识、爱好创作内容，并发布到平台上吸粉、引流，聚集起大批粉丝后实现变现，这些粉丝就是潜在的消费者。

例如，樊登读书会的樊登，最初是因为自己喜欢读书，才开始分享读书。但在分享读书的过程中，吸引了大量的粉丝，而且开始变现了。而后又把赚到的钱继续投进去，慢慢地做成了如今的樊登读书会。

当决定做电商后，发布视频就不能过于随心所欲，而是要遵循商业规则。但对个人又不能用做企业的思维去做，企业做短视频电商有很多优势，如货源优势、供应链优势、渠道优势，甚至有资金优势，可快速打造人气和吸引流量，所以个人影响力就显得没有那么重要。而个人几乎没有这些优势，除了不断提升自己，打造个人IP，提升个人影响力外，别无他法。

提升自己的方法主要有以下4种。

（1）打造个人IP

打造个人IP就是要在粉丝心中有明确的人设，让粉丝在面对选择时首先能想到你。IP打造起来了，人气就上来了，因为这是真正能够笼络人，并让他们长期聚在自己身边，成为忠诚铁粉的核心。

在内容泛滥、同质化新媒体信息红海中，只有清晰定位才能脱颖而出。进行定位，做细分领域是关键，围绕兴趣或特长。兴趣、特长在哪儿，就向哪个领域深耕，集中解决自己是谁、能为粉丝带来什么的问题。

（2）建立运营团队

个人短视频电商虽然是个人性质的，但绝不是一个人，相反，大多数都是团队在运营。有不少头部UP主，做大做强后就开始建团队、开公司。

因此，想要做好短视频电商仅仅靠个人力量是很难的，必须组建一支运营团队，分工明确，各司其职。

一个独立的短视频电商运营团队，至少要包括如图1-13所示的5个岗位。

图1-13　独立的短视频电商运营团队岗位设置

（3）打造"爆品"

爆品即供不应求、销量非常高的那一类产品，打造爆品是个人做好短视频电商的基本保证。一般来讲，至少要打造一到两款爆品，淘宝卖家都知道"爆品"的重要性，尤其是中小卖家，爆品犹如一根引燃器，可以点爆整个店铺，不但自身能带来大量收入，还可以带动其他商品，打开销售市场。

以上是从业绩的角度看的。从营销角度看，爆品还可以提升店铺整体营销评分，提高店铺搜索排名。如果一家商店能有不止一款爆品，不仅会大大提高商店的评分和搜索排名，还能提升店铺曝光度。

那么，什么样的商品具备成为爆品的特质呢？具体如图1-14所示。

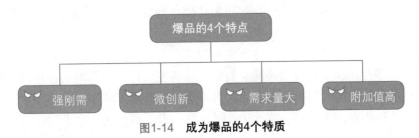

图1-14　成为爆品的4个特质

（4）不断向优秀者学习

必须向头部UP主和KOL看齐，努力提升自己。简单说来，就是研究行业内那些头部UP主，分析他们是怎么做的。最简单的办法是看大主播的直播过程，学习他们的着装、话术、互动话题、开播状态等。

1.5 场：4大短视频平台，针对性布局电商运营策略

1.5.1 抖音：基于推荐标签，主打兴趣电商

表1-2为某机构发布的2022年第二季度用户流量数据。

表1-2　某机构发布的2022年第二季度用户流量数据

平台	日活跃用户/亿人	用户日均使用时长/分钟
抖音	4.21	104
快手	3.47	127
微信视频号	4.00	35
B站	0.84	89

从表1-2可以看出，抖音、快手和微信视频号已经形成了三足鼎立之势。抖音和快手分别以546.0亿元和251.5亿元位列短视频行业第一梯队，其中抖音日活跃用户高达4.21亿人，快手达3.47亿人，用户日均使用时长分别为104分钟、127分钟。微信视频号日均活跃用户近4亿人，日均使用时长35分钟，与抖音、快手形成了用户竞争。

B站位居第四，日活跃用户0.84亿人，用户日均使用时长89分钟。尽管有些差距，但其独特的内容和运营模式足以让其在短视频领域拥有一席之地。用户流量格局决定了各平台采取的战略布局，下面将详细分析四大平台在短视频电商上的战略布局。

至2022年，短视频电商已经彻底打破传统电商格局，而抖音无疑是短视频红利崛起的最大受益者。

抖音是一个社交性平台，但在所有短视频平台中，是较早提出并布局电商业务的平台之一。在2014年就以短视频、直播带货为发力点，进行电商业务模式摸索，并一点点地完善，先后推出抖音小店、抖音盒子、抖音商城等。

再如，逐步向淘宝靠近，在APP首页内侧一级入口开通"逛街"，为商家和品牌打造专属朋友圈。这一举措对标的是淘宝的"订阅"，对于电商商家和品牌来说是非常有利的；上线购物端的搜索引擎，与淘宝搜索引擎属性是一样的，搜索时商品类目就会出来。

这都体现了抖音对电商的重视，旨在强化自己的电商属性，但与传统电商又完全不同。这里主要就是体现在"兴趣"上，所谓兴趣就是消费者本没有买东西的计划，但通过看直播和视频莫名就买了。

为了更准确定义这种电商形态，抖音提出一个新概念："兴趣电商"。兴趣电商的提出无论对消费端还是对供给端都十分有利。

（1）消费端：能主动挖掘潜在需求

消费者在经过了传统手动搜索消费模式之后，对于根据搜索记录进行的推送已有疲态，比如，已经完成了购物，却重复收到陈旧推荐，推荐无效、信息冗杂，消费者早已提不起兴趣。不过，在电商形态不断进化的过程中，泛化和灵活化推荐标签，更多元地推送有效信息的做法正在实行。

不知道吃什么怎么办？翻大众点评、看吃播视频，可能突然就发现了想吃的东西。时装模特的身材不是人人都有，普通人不知道怎么穿搭怎么办？在抖音上搜一搜，什么身材的博主都有，试错类、测评类账号样样齐全。想要搜索却找不准关键词？没关系，浏览视频内容可以更准确匹配相关信息，降低信息门槛，节省搜寻时间。喜欢游山玩水却不知道该准备点什么？网上有各种旅游达人分享的旅拍，不仅有照片，还有更生动的视频。看到他们使用的便携式电水壶，你突然发现：原来担心酒店的水壶不干净又想喝热水，解决方法居然如此简单。

当经济发展到一定阶段，人们对"购物"的理解发生了变化。购物不再是为了温饱，而被赋予了情绪情感、精神愉悦等更多层次的需求，这是其一；各领域都在飞速发展，商品更新换代极快，"黑科技"层出不穷，人们不可能方方面面都能跟得上节奏，需要更专业的人帮助推荐可能对自己有用的商品，告诉人们"原来生活、工作还可以这样"，这是其二。

在以上两点需求的驱动下，先是出现了以图文为主的网站，之后又有了基于用户搜索的社交电商。到了短视频时代，短视频电商应运而生，内容形式多样化，推荐分发技术更精准，对用户的触达、连接能力更强，这也使得电商功能更加完善，更容易满足用户的消费需求。

（2）供给端：提高效率，扩大市场

兴趣电商的发展不仅提升了消费者的购物体验，同时还给商家和品牌提供了更多发展机会。消费者与商家、品牌是相辅相成的，消费者的潜在需求意味着商家的生产、营销和市场都有了优化的方向，同时通过短视频渠道，商家和品牌可以降低投放消耗，精准触达用户，带来了更大的市场和机会。

国商品牌太平鸟服饰2020年入驻抖音，搭建了品牌自播与抖音达人带货两种模式，2020年9月至2021年1月底，完成了品牌自播月度商品交易总额（GMV）平均增速78%的成绩。在抖音电商抢新年货节期间，太平鸟女装打破服饰商家直播单场销售纪录，最终单场直播成交额为2800万元。

上述案例证明，兴趣电商可以成为商家和品牌发展新阶段的重要发力方向。抖音电商仍处于发展的初期，头部品牌主导的"二八效应"尚不明显，这就为新品牌、新主播等打开了窗口期，有利于实现突围，乃至超越传统品牌。

之前大多数人普遍认为，现在是"直播电商"的时代，但抖音认为"直播电商"失之偏颇。短视频、直播只是一个承载内容的形式，形式不是最关键的，现在是"内容至上"的时代，任何电商形态，内容都必须优质。即使在没有电商的时代，消费品为什么都很重视外包装，就是因为外包装也是内容。

"兴趣电商"是抖音对短视频电商的整体布局思路，基于大众对美好生活的向往，满足用户潜在购物兴趣，提升用户生活品质，全面优化消费者的购物体验，提高消费者复购率。兴趣电商模式，强调对公域流量的运营调控，强调算法主打的兴趣推荐，希望能发现用户的隐性消费需求，帮助商家和品牌将商品推荐给感兴趣的人。

1.5.2 快手：大力扶持内容创新，发力信任电商

抖音提出兴趣电商，以独特的"兴趣"为触点，通过激发消费者潜在消费欲望完成交易。相应的，快手也提出了自己的电商方法论，即信任电商。

信任电商基于用户与主播间的强连接，将公域流量引入直播间后，实现从直播

观看用户到消费者的高效转化，进而完成公域向私域的沉淀与累积，持续缩短用户的消费决策路径，赋能众多商家和品牌。

快手电商认为，信任是一切交易关系的起点和基础。在短视频电商生态中，稳定的消费信任关系取决于两方面：一方面是，电商平台对违法、违规等各类破坏信任生态的行为主动干预和治理；另一方面则是，为消费者提供符合预期甚至超出预期的售后服务措施。

基于此，快手做了以下4个方面的举措。

（1）构建平台信任治理体系

快手从社会共治的思路出发，建立了政府、企业、行业组织和社会公众多元参与的信任共建机制，以此实现对直播电商生态的贯通治理。

快手推出了信任生态体系的服务品牌"信任购"，品牌内涵有三个层次，一方面通过平台治理和社区力量围绕交易打造基础信任；另一方面还针对不同行业推出珠宝玉石官方鉴真的"真宝仓"和二手手机180天质保的行业升级解决方案；同时鼓励主播悉心经营与粉丝间的私域信任，通过"退款不退货"和粉丝团运营等打造买卖双方的"极致信任"。

快手"信任购"的治理逻辑并不仅是简单地以平台身份为商家服务或商品质量背书，对开通"信任购"的商家和品牌，快手电商会对其进行优先推荐，让商家和品牌有更多机会获得曝光。

（2）持续完善信任生态

快手在私域流量沉淀、多元商品、老铁社区文化构成的"信任三角"基础上，对诚信消费者推出"信任卡"等权益，为入驻的品牌和商家制订知识产权保护法则等，进一步强化品牌、商家与消费者之间的信任关系，有效地维护了三者之间的合法权益，形成良性循环，推动信任生态的持续完善。

这种良性循环表现在GMV的快速增长、复购率的提升上。2018年，直播电商风头正起劲之时，快手在强大流量加持下，加速在电商领域的布局。短短5年内，快手全年GMV由2018年的0.97亿元上升至2021年的6800亿元，较之2020年，同比增长78.4%。

除快速增长的GMV外，快手电商的复购率表现同样亮眼：2020年平均复购率高达65%，2021年复购率突破70%，领跑直播电商行业。

（3）升级本地生活业务分量

2022年9月16日，快手宣布成立商业生态委员会，将本地生活业务升级为独立业务部门。新设立的商业生态委员会将统筹推进包括电商、商业化、直播、本地生活、快招工等变现业务的商业生态建设、商业模式设计和商业系统融合，进行更高效的流量资源分配，推动更顺畅的业务协同。

快手整合了原主本地生活业务相关团队和电商事业部生活服务行业相关团队，

将本地生活业务升级为独立业务部门，成立本地生活事业部负责统筹本地生活相关业务，凸显了该板块的重要程度。这不仅能充分发挥以往电商业务的实践经验，通过跨业务的交叉调整，还将进一步促进商业生态系统内各业务间的协同融合。

（4）大力扶持内容创作，打造"内容＋私域"的核心

内容与信任关系是驱动快手电商GMV增长的两大关键要素，短视频电商与传统电商转化逻辑不同，就是因为对内容的重视程度不同。

传统电商与快手电商转化逻辑如图1-15所示。

图1-15　传统电商与快手电商转化逻辑

传统电商GMV由独立访客（UV）、转化率及客单价三者决定，商家和品牌更多地聚焦在公域场的流量捕捉及转化。快手电商GMV由UV、内容消费时长、单位时长订单转化率、客单价及复购频次构成。UV来自商家和品牌累积的私域流量、从公域获取的自然流量及商业化曝光。优质内容推动私域流量不断沉淀，强化品牌与用户间的信任，而信任关系又将持续放大优质内容价值，引导复购行为产生，打造商家和品牌GMV增长闭环。

所以，快手决定大力扶持内容创作者，降低创作者的创作门槛，提高创作效率。为了实现这一目标，快手推出了一站式成长工具"快手创作者版APP"。从内容方向上看，从创作前、创作中、创作后三个方面切入全流程创作，如图1-16所示。

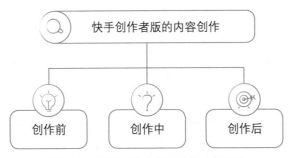

图1-16　快手一站式内容创作成长工具

① 创作前　为创作者提供相关创作灵感。比如，根据创作者已经发过的内容进行特点总结，并为其建立专属内容流，推荐平台优质内容，垂类优质飙升内容，帮助创作者找到灵感。同时，为优质作品提供逐秒数据分析，帮助创作者找到作品爆点。还可以从作品播放量、直播人气等视角帮助创作者找到创作榜样。

② 创作中　为创作者提供了问题诊断助手功能。该功能与百家号、头条号等图文平台提供的功能属于同类，可以起到预判创作风险、提高作品合规优质率的作用。APP还整合了快手站内的热门任务、话题及玩法，帮助创作者解决创作目标和创作工具问题。

③ 创作后　为创作者提供播放量、涨粉等关键数据，让创作者掌握创作效果；作品专业管理模式以列表呈现关键信息，创作者可以通过多种维度筛选手段快速定位优质作品，提升作品管理效率；收入详细分析则展示主要收入来源，分析收入波动趋势，并可提供开通新渠道、分析收入效果，有望助力创作者找到变现新思路。

总的看来，快手创作版APP的上线弥补了快手在扶持内容创作者方面的不足之处。一方面，快手在此前也推出了针对创作者的支持计划，但当时的策略仅覆盖了创作后，属于常规的内容，比如，为创作者提供流量曝光、现金奖励的光合计划。另一方面，快手创作版APP的服务范围，在与业内其他商品的横向对比中是相对全面的，这意味着快手内部对"为创作者服务"这件事有了更深入的认知。

需要注意的是，尽管快手在电商模式上主打"信任"，注重私域价值、人与人的关系；抖音主打"兴趣"，强调对公域流量的运营调控，强调算法主打的兴趣推荐。但两者的底层逻辑是一样的，都在强调内容消费转化，通过优质内容，以高频打低频的优势，来拦截用户消费需求。因此，无论做什么电商，做好内容，提升用户边逛边买的体验仍是最核心的。

1.5.3　B站：独特的社区氛围，用户黏性更高

B站最初是一个定位动画、漫画和游戏（ACG）领域的内容社区，后又向全方位的在线娱乐平台发展，涵盖短视频、直播和移动游戏，成为不同文化和兴趣者之家、年轻一代发现文化趋势和现象的聚集地。

在这种模式下，B站的营收主要来源于游戏业务，结构较为单一。B站有4条营收渠道：游戏业务、增值服务、广告业务、电商及其他业务。其中，游戏业务收入占比很大。2017年以来，B站致力于摆脱对游戏业务的依赖，探索多元化的商业变现模式。

比如，提供多场景的优质内容，以Story-Mode竖屏视频为代表的新内容形式，有效地满足了用户碎片化的使用需求，进一步促进了社区活跃度的提升。创新信息流广告模式，加大对内容创作者和大会员业务的投入和推广；通过优化推荐算法，

丰富创收渠道鼓励UP主持续创作。2021年超过130万UP主在B站通过创作获得了收入，其中超过55.7万名UP主加入了B站创作激励计划。

最大一项变革是推出电商业务。2017年B站推出电商业务，2020年增长态势增值至一个相对高点，收入达到15亿元，同比增长109%；2021年第二季度收入达5.78亿元，同比增长195%。2021财年B站总营收达193.8亿元，同比增长62%。

B站也有个"电商梦"，2014年字节跳动通过上线"今日特卖"开启了自己的电商业务，经过几年的发展已经初具规模，相比之下，B站的"电商梦"仍不太成熟。B站在2017年开始布局旗下的电商业务，不过当时处于萌芽状态，几乎没有带来盈利。

2017年上线的"会员购"电商业务，被视为B站正式入局电商领域的标志。不过，这项服务出售的大多是与ACG相关的商品，主售ACG（动画、漫画、游戏的总称）、泛二次元的手办、周边商品等，1年之后，开放了全新的带货功能，如图1-17所示。彼时，开通这一功能的UP主个人主页中新增了"商品"一栏，UP主可以在该功能中添加商品链接。不过，"会员购"涉及领域非常小，主要集中在服饰、化妆品和电子产品。

图1-17 B站"会员购"电商业务

B站的电商业务出现高速增长是在最近两年（2021年、2022年）。如2022年"双11"预售活动，与大多数电商平台一样，提前开启与其他平台的大战一触即发。

活动中，B站的直播分区上线了"购物"专区，进入B站新上线的"购物"专区后，可以看到"双11直播电商好物节"的宣传图。此次"双11"期间，为扶持电商业务，B站还推出"直播电商UP主招募激励计划"，在直播间全部放开"小黄车"功能。凡符合要求、直播时挂小黄车的UP主都能获得奖励。

比如，开播即可获得50元奖励；挂车天数≥3天、小黄车交易≥1单，可以瓜分3万元的奖金，最高可获得200元/人的奖励；在开播时长任务赛取得前10的UP主，

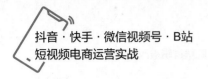

则可获得500元/人的奖励等。根据粉丝体量的不同，通过视频投稿帮助B站宣传其"双11"直播电商活动的UP主，还能获得5万元或者1万元的起飞奖励。

此番操作，用户在直播间一边看直播刷弹幕一边购物的场景将进一步得到优化。这些都表明B站在加速直播、大会员变现方面正在进行商业化努力，也说明提升直播业务的商业化能力对优化B站商业收入结构起着重要作用。

（1）B站电商业务的优势

与其他平台不同，B站中所有业务，都是以内容与用户为核心的，以站内内容与UP主为媒介，让品牌与用户产生联系，用户依托内容认知品牌、接受品牌，从而进行消费，实现内容与商业的生态闭环。

B站拥有最高质、高智的原创势力和用户，从圈层文化到弹幕文化，独一无二兼容并包的社区氛围，使用户与用户、用户与平台间始终"灵魂相交"的重要原因，是平台保持年轻旺盛生命力的根本原因。

例如，UP主"影视飓风"在帮戴尔外星人的一款新品做推介的时候，并没有像其他平台主播那样直接介绍产品，而是将精力放在内容上。他用无人机拍摄了万余张照片扫描整座武当山，然后用外星人笔记本建模还原这座世界文化遗产，让优质内容与用户产生联系，然后在此基础上进行商品介绍，间接带动消费。这种方式极具文化氛围，不仅展现了戴尔外星人笔记本的画面和性能，更能积累具有高忠诚度的用户。

这个带货思路是B站独有的优势。一方面，这需要聚集大批能够不断产出专业内容的UP主。另一方面，除了拥有高质量的内容生产能力，还需要高黏性用户群体，B站更是拥有对平台有相当的黏性、足够信任的用户。在视频平台人口红利消耗殆尽的情况下，B站活跃用户创新高，用户大盘仍在增长，用户基础可见一斑。而高黏性用户群体实际上就是潜在的消费力。

（2）B站的电商业务劣势

B站的电商业务缺陷在于，走的仍是抖音、快手前期的模式，对第三方电商平台依赖比较重。除了会员购、B站课堂等站内商品以外，大多是与站外合作，需绑定淘宝联盟、京东联盟。即主播在挂了小黄车链接之后，直播时并不以带货为主，仍在"专心"地进行自己的"本职工作"，如游戏直播、放映直播、娱乐直播。

盈利模式也是类似"淘宝客"的模式，帮第三方电商平台上的商家和品牌引流赚取佣金。抖音、快手早期的时候，走的也是这种模式。不过，逐渐走向正轨后都陆续切断了与第三方电商平台的链接，建立起属于自己的电商闭环。

B站的电商业务目前还不具规模，没有足够资金投入及商家和品牌、供应链等资源，尚不健全的情况之下"淘宝客""京东客"的模式或许是B站的"无奈之举"。B站布局电商的目的，是想让其成为一个新的增长点，补齐自身的短板，进行优势互补，带动平台创作者谋得更多变现途径，防止优质创作者外流，以免长久建立起来的用户生态被破坏。

然而，若想真正建立起属于自己的"电商帝国"，必须配备完整的供应链。帮第三方平台引流赚取佣金，是一种成本高、体验差、盈利少的经营模式，在溢价和盈利空间上缺乏足够话语权，不利于培养自己的忠诚消费者。

1.5.4 微信视频号：立足微信生态，打造完整电商闭环

微信视频号的电商业务模式，与上述3个平台是完全不同的。前3个平台的电商业务板块是独立的，或从社交向电商转型，或社交电商相融合；而微信视频号是一种弥补，众所周知，微信在打造电商商品上是非常有心得的，公众号、朋友圈、小程序已经基本形成电商闭环，布局视频号，目的是弥补电商商品体系较为薄弱的短视频环节。

公众号、朋友圈，尤其是小程序推出后，电商看到了微信的巨大潜力，视频号作为微信押宝级商品，自然会受到电商的关注。

做微信视频号电商的优势是路径更短，很大一部分商家和品牌都是从公众号、朋友圈直接对接过来的。

例如，"十点读书"是一个基于微信公众号的读书分享媒体，旗下的"十点读书会"等在公众号图文时代已经成为行业头部，矩阵粉丝达到了千万级。视频号推出之后，它们身份悄然改变，2020年从图文转型视频号，从读书到读人、阅读到阅界，十点读书视频号的影响力稳步提升，十点读书矩阵账号，如十点读书会、十点读书雅君都深受欢迎。

十点读书创始人林少认为，做微信电商视频号，知识社区建构必不可少。在他看来，知识社区=内容＋同趣者＋代言人＋UGC，这一公式在微信生态的各个要素中同样成立。比如，公众号的内容，微信群的同趣者，小程序的UGC沉淀，以及视频号直播间代言人。

因此，做微信视频号不能局限于自身，更要立足于整个微信生态才能实现价值最大化，在微信生态上获取更深、更广、更大的商业价值。

基于此，除了对视频号自身进行运营之外，还要建立人设、输出深度内容，通过公众号、朋友圈、小程序进行私域运营和精准管理。

从短视频电商整体来看，红利已基本触顶，但微信生态＋短视频仍然是一个待驰骋的广阔疆域。微信是新媒体平台中最重要的流量池，牢固的熟人关系链，用户稳定，流量足够[2021年视频号日活跃用户（DAU）已超过5亿，超越快手3.23亿DAU，直逼抖音6.4亿DAU]，以及对内容生产的不断优化，微信短视频杀出重围指日可待。

第**2**章

账号构建:
打造吸睛账号,
引流获客更简单

做短视频电商首先要做的就是账号基建工作,账号基建是指账号的基础搭建,包括昵称、头像、个人简介、背景图及权重等。这些信息是用户关注账号后首先显示出来的,做得不好直接影响潜在用户活跃度及转化率。

2.1 账号定位:精准传达品牌/产品内容

2.1.1 内容定位:做好细节,精准体现特色

内容是短视频的核心,对账号进行定位第一步就是内容定位,即计划做哪个方向的内容,以什么样的形式表现等。这些一定要提前规划,一是保证与商品属性相匹配,二是保证能够持续、稳定地输出,中途最好不要轻易换内容方向。

这里着重强调一下中途换内容,这在短视频运营中是一种常见现象,但非常不可取,对账号权重影响很大,换一次内容,相当于账号权重会受很大的影响,而且一旦不成功,账号就很难再做起来了。

比如,有些账号本是依靠分享自己的日常,分享自己的兴趣爱好等,积累起来的几十万粉丝,有一天,却突然转变画风开始卖衣服。这种情况粉丝往往不会买账,因为他们初衷是冲着主播个人魅力来的,并不是买东西,现在强迫他们看带货视频,从心理上接受不了。所以即使有几十万粉丝,也很难实现转化。

视频内容跨度过大,对粉丝也是一种伤害,这并不是说中途不能转型,而是在转型前要先做好过渡工作,让先前的内容与转型后的内容进行自然而然的衔接。

拥有千万粉丝的"名侦探小宇",一开始对账号内容的定位是防骗知识方面的

普及，后来转型做女性安全教育类。决定转型后，初步确定了安全类内容，由于题材范围很大，有儿童安全，有老人安全，还有农民工安全、留学生安全等。如果全部涉及，面面俱到，很容易陷入定位不清晰的窘境。后来，该账号又进行了内容细分，最后才圈定女性安全类，并且选择了一个非常好的表现形式——侦探 + 推理 + 短剧，部分截图如图2-1所示。

分析上述账号的转型过程，会发现它的内容虽然有所转变，但前后还是有很强关联的，防骗的目的就是为了自身安全，只不过她重新根据性别对安全做了定义，对粉丝需求进行了深度挖掘，精准地定位在女性身上。

女性安全的定位，既能与其他安全题材的内容区别开来，又能跳出大多数账号竞争力强的内容，打造了内容稀缺性，避免内容同质化。再加上类似名侦探柯南里侦探推理的加持，整个定位就显得非常清楚了。

总之，内容定位越清楚，成功概率就越高。在对账号进行内容定位时，需要考虑3个问题，具体如图2-2所示。

图2-1　名侦探小宇女性
教育类视频部分截图

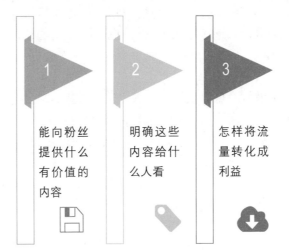

图2-2　内容定位需要思考的3个问题

（1）能向粉丝提供什么有价值的内容

有很多人做短视频，很容易陷入随波逐流的怪圈。一味模仿，永远追赶不上别人，还会因内容同质化无法得到平台推荐。做内容定位首先要问自己一个问题，即能向粉丝提供什么有价值的内容，同时要结合自己拥有的知识、技能、优势。

具体可以从职业、技术、兴趣、身份4个方向入手。

① 职业方向 自己所从事的职业是做内容定位的依据之一。每天工作中发生的一些事情，无论大小都可以成为创作素材，可以说是得心应手、手到擒来。如果再加一点创作技巧的话，不但能引起同行业人的共鸣，还能激发行业之外人的兴趣。

② 技术方向 技术可以大大提高内容输出的质量，让短视频变得独一无二。因为技术具有唯一性，即使同一种技术，不同的人使用，输出效果也不一样。比如，某项剪辑技术，体现在不同人的视频中效果千差万别。另外，技术还可以弥补知识上的不足，比如，你的知识储备不足以支撑内容的持续输出，但却十分精通视频剪辑，利用剪辑技术也可以打造独特的视频。

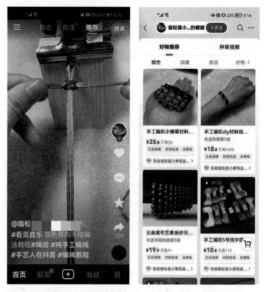

图2-3　以兴趣方向作为内容定位的示例

③ 兴趣方向 以兴趣作为内容定位的依据，就是选择与自己兴趣、爱好相符的内容。这也是大多数个人选择短视频电商的原因，因为喜欢所以有动力。自媒体运营是一件十分枯燥、乏味的事情，如果能与兴趣、爱好结合，做起来会轻松很多。

比如，一名手工爱好者可以记录自己编手工的过程，以此吸引与自己有相同爱好的粉丝，最后再引流到商品上，示例如图2-3所示。

④ 身份方向 如果没有职业，没有技术，也没有兴趣爱好，也不用担心，可以充分发挥身份的优势。比如，现在有很多农民工都在带货，而农民工的身份就是最大的优势，他们拍的视频都与自己的身份紧密相关，与农村、农业有关；还有一些宝妈，会分享自己带娃的酸甜苦辣，如何与孩子斗智斗勇等，这都是围绕自己的身份进行的内容定位。

（2）明确这些内容给什么人看

内容定位需要考虑的第二个问题是，明确内容给什么人看，对目标受众进行画像，只有明确了目标受众，才能针对他们的需求生产内容。

其实，这个问题与第一个问题是紧密相关的。第一个问题解决的是内容创作思路，但具体如何应用，就需要结合第二个问题进一步验证。

比如，以职业进行定位的，目标受众就是相同职业的从业者，或者对该行业感兴趣的其他人；以兴趣、爱好进行定位的，目标受众是有相同爱好的人；以身份进行定位的，目标受众是同样身份的人，比如，大学生主播吸引的就是大学生群体，宝妈主播吸引的就是宝妈群体。

（3）怎样将流量转化成利益

这是最后的一步，也是最重要的一步，即如何提高转化率，将流量转化成利益。确定目标受众后就意味着有流量了，接下来就是如何与这些人发生关系，实现流量变现。要想变现，就要思考这些人有什么需求，以及这些需求与商品带来的利益是否吻合。

例如，一名英语老师，视频内容是记忆单词的方法、诀窍，针对的目标受众是要学习英语的人，而推广的商品是一款能够帮助学习者快速、简单记忆单词的电子商品。这样，需求与商品功能就是高度匹配的，转化率也会很高。

再如，一位绘画爱好者，视频内容是教别人如何绘画，目标受众是零基础，想学习绘画的人，或有一定基础，想进一步提高绘画技能的人。这部分人的需求就是学习一种简单的方法，快速提升绘画的能力。将这样一种方法，总结成视频课程，以合适的价格售卖，有需求的人是非常乐于接受的。

所以，在流量向利益转化时，需求匹配是一个关键点，即一定要挖掘受众的需求，并与商品功能完美结合。

2.1.2 角色定位：赋予账号鲜明的形象和人格

在短视频电商运营中，拉近粉丝距离常用的一个方法是角色定位，即给账号打造一个人设，简而言之就是视频中要有一个鲜明的形象。

比如，腾讯视频的人设"钮祜禄鹅"，代表有钱有资源，不轻易低头。虽说是一个梗，但因为霸气傲娇的性格，让用户对腾讯视频有了具象的亲切感，对品牌有了一个形象的感知。再如，完美日记里的人设"小完子"，通过打造年轻漂亮、爱美食、爱美妆的女孩，将完美日记的品牌形象激活。所以，无论在社群内，还是朋友圈，完美日记都能用一个小完子去帮助宣传，帮助用户产生共鸣。

还有些带货UP主，坐拥几十万、几百万，甚至千万粉丝。这些粉丝为什么那么忠诚？就是因为UP主在他们心中，俨然是一个不可或缺的存在，甚至已经融入他们的生活、工作。从这个角度看，与其说这些粉丝是喜欢某个视频，不如说是喜欢视频背后的人。

好的角色定位能提升账号在粉丝心中的好感，为后续的转化打下基础。那么，具体如何打造呢？可从如图2-4所示的3个方面入手。

图2-4 打造账号人设的3种方法

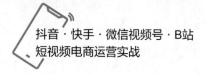

（1）打造鲜明的形象

一个账号中的视频内容相似，风格相似，表达方式也大同小异，即使做得很优质，久而久之粉丝也会涨得很慢，甚至掉粉，这就是因为账号没有很强的人设。没有差异化就没有相对优势，就没有核心的竞争力，与其让粉丝忠诚于你的视频，不如忠诚于你这个人，这就是人设的主要作用。

人设最显著特征就是有鲜明的形象，通过打造一个让人记忆深刻的形象，快速在粉丝心中留有印象，让粉丝知道你是谁。这点非常重要，那些优质账号都有非常鲜明的人物形象，有些还会特意塑造形象。这也是为什么大多数人生活中的形象，与视频中的形象完全不一样，之所以这样是为了视频效果而特别设定的。

（2）真人出镜

打造人设的第二个诀窍就是真人出镜，真人出镜能大大提高辨识度。毕竟每个人长得不一样，如果再放大自身的特质，那么个人IP就很容易建立起来。

真人出镜还有一个优势，就是给人的感觉更真实。比如，有很多讲故事的UP主。理论上故事类视频，真人出镜或不出镜都能做，主要的是后期配音，但如果有真人出镜，效果会立马不一样，让人觉得有感情、更真诚。

当然，如果真人不方便出镜，也可以打造虚拟人设。比如，小红书的"美妆薯""生活薯""音乐薯""校园薯"都是虚拟人设，并以特定的口吻和形象输出内容，久而久之就能培养一种内容氛围，让粉丝潜意识接受这个形象，认为真是某一个特定的UP主在输出内容，其实账号已经不知道换了多少任UP主。

（3）赋予人格化特征

账号人格化让人设更加有温度，有个性。人格化即让账号具有"人"一样的情感，与粉丝建立一种特定的情感连接。

赋予账号人格化，具体可以按照以下3个方法去做。

① 取一个符合人设特点的昵称，一个好听好记有特色的昵称，让粉丝瞬间记住。

② 赋予人设特定的标签。通过某种具象化标签，将人设-商品-标签巧妙结合起来，以达到被粉丝快速识别的效果。

③ 持续输出与商品有关的内容。比如，完美日记通过"小完子"的人设持续输出高质量的美妆内容。

无论传统电商，还是实体企业或个人，要想打造品牌，精准定位必不可少。即明确自身优势是什么，用户需求是什么，能提供什么价值等，这些都是考量的核心。

2.2 账号装修：以内容为前提，凸显特色风格

2.2.1 账号昵称：简单易懂，易识别

账号设置就是对账号进行包装和优化，新注册的账号除了ID不同之外，其他都是一样的。而经过包装和优化的账号，才有自己的个性和特色，比如，昵称、头像、主页背景图等，这些共同构成了个性的账号。

账号设置的第一步是拟写账号昵称，一个好的昵称有三个标准：第一，能降低用户认知成本，一看就懂，不用过多解释；第二，好读、好写、易传播；第三，能向用户传递有价值的信息，让用户看后即明白从中能获取哪些对自己有益的东西。

账号昵称的设置必须符合以上标准，在具体操作时，还要多运用相关技巧和方法。常用的技巧和方法如图2-5所示。

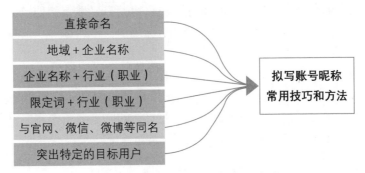

图2-5　拟写账号昵称常用技巧和方法

（1）直接命名

直接命名法是指直接使用企业名称、品牌（商品）名称、企业Logo等。如图2-6所示的"雅诗兰黛""花西子""巴黎欧莱雅""珀莱雅""欧诗漫"等。直接命名的账号旨在告诉用户"我是谁"，常适合于有较大影响力和威望的企业或品牌。

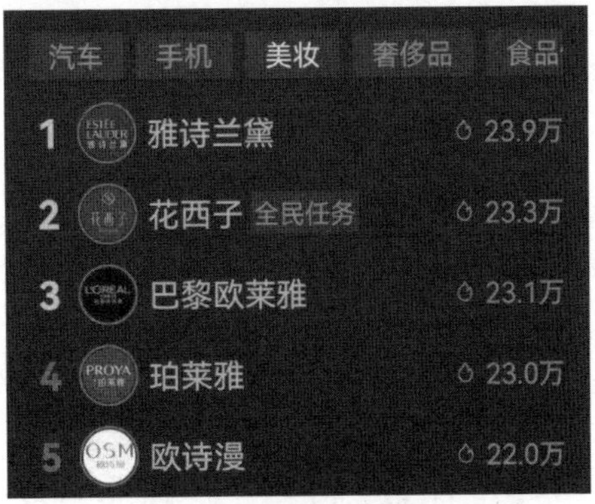

（2）地域＋企业名称

如果是地域性较强的企业，或者需要以地域来区分的品牌，可以在昵称中加入地名，这样可最大限度地吸引本地用户。

图2-6　直接命名式的账号示例

例如，"巴黎欧莱雅""通州万达广场""深圳博纳国际影城"等。当然，如果目标群体没有地域特色，昵称中最好不要加地域。

（3）企业名称＋行业（职业）

企业名称＋行业（职业）的命名法，目的是让用户一眼就能明确账号的性质，更好辨认自己的所需。例如，××线上教育、××婴儿护理、××模特、×××演员等。

（4）限定词＋行业（职业）

限定词＋行业（职业）命名法是指将涉及的企业背景、人物、商品、服务等，以描述、夸张或拟人的手法间接地表现出来，例如，川菜大厨、灵魂舞蹈、明星教练××等。

（5）与官网、微信、微博等同名

有很多账号直接沿用了自己的微信、微博账号，或者是这些账号的简单变形。这样的好处是便于相互引流，将微信、微博等平台中的粉丝引流到短视频账号上来。

（6）突出特定的目标用户

即站在用户的角度，在昵称中精准地突出目标用户是谁。例如，十点读书、毒舌电影、商务范、金融八卦女，强调的都是目标用户，十点读书是读书人，毒舌电影是电影爱好者。

纵观那些火爆、有众多粉丝的账号，都有一个令人记忆深刻的昵称。因此，对于短视频商家和品牌而言要重视账号的昵称，并且要按照一定原则去做，有针对性，有指向性。千万不可随心所欲，完全按照自己的感觉随便拟写，更别用符号、数字以及非主流元素，这样的账号有名无实，甚至毫无意义。

2.2.2 账号头像：与昵称内涵保持一致

头像与昵称一样，是粉丝对账号的第一印象，如果设置得不合理，会给用户留下很坏的印象，严重的甚至引起粉丝反感。

头像很大程度上能引导用户关注，所以在设置时也要注意方法和技巧。商业化的账号头像一般有4类。

（1）企业Logo

这类头像在商业化的账号头像中运用最多，多适用于品牌推广企业，新建品牌慎用。这类头像的设置与直接命名式的昵称是一样的，强调自身的品牌影响力和美誉度。而且两者在实际应用中多保持一致。比如，小米、OPPO、vivo、IQOO、华为手机等，如图2-7所示。

（2）人物类

第一类是人物类，人物类又可以分为真人照片和动漫形象。真人照片适用于强调个人IP的企业或品牌账号，例如网红账号、个人电商账号等，给人以真实感，从而获取信任。还有一部分是以动漫形象作为头像的，如窝小芽、喜茶、周黑鸭、旺旺等。

（3）事物类

还有一类是事物类，主要有品牌图和风景图等，以品牌形象作为头像的有江小白、全棉时代、蒙牛等。风景图多运用于旅游类的账号，如图2-8所示的黄山旅游发展股份有限公司的抖音账号头像，因对人设的打造作用较小，其他领域选择风景图作为账号头像的较少。

图2-7　以企业Logo作为账号头像的示例　　　图2-8　黄山旅游发展股份有限公司的抖音账号头像

（4）文字型

还有一部分企业和品牌的头像很简单，就是单纯的文字。如果采用文字类头像，要特别注意三点：一是要与视频内容相关，通常与昵称保持一致；二是要简洁，字数不能太多；三是设计要有美感。示例如图2-9所示。

图2-9　文字型头像示例

2.2.3　主页背景图：专属性、相关性

主页背景图是短视频账号中非常重要的组成部分，也就是说打开账号后，看到的最上方那张图片。虽然看似不起眼，利用好可以轻松提升账号质量，强化粉丝黏

性，很多大号都有专属主页背景图。

主页背景图对于账号的作用具体体现在以下4个方面，如图2-10所示。

图2-10　主页背景图的作用

（1）增强账号定位和品牌调性

主页背景图就像一本书的"封面"，目的是向粉丝集中展示账号定位、品牌调性。如图2-11所示是一个定位为弘扬武汉美食账号"舌尖武汉"主页背景图对比。图2-11（a）选用武汉美食代表油焖大虾的背景图，既能与账号定位"舌尖"完美呼应起来，又能体现出武汉的美食特色。而图2-11（b）配的是一张无关图片，具体表达的是什么，用户看后一定是很模糊的。

（2）对账号信息进行补充性介绍

主页背景图作为一个账号最主要的部分，具有展示账号信息的作用，尤其是对于头像、昵称无法体现出来的部分，背景图可以进行很好的补充。如图2-12所示的账号"李玫瑾说育儿"，由于想要凸显的信息量较多，而昵称、头像又无法全部展示出来，只能将一部分信息嵌在背景图中。

（a）　　　　　　　　（b）

图2-11　以舌尖武汉为定位的账号背景图对比　　　图2-12　李玫瑾说育儿账号背景图

（3）引导粉丝继续关注账号

主页背景图可以起到引导粉丝关注的作用。具体引导方式是利用有趣的图案、文案对粉丝进行暗示，促使粉丝进一步关注账号，如图2-13所示账号"简单一画"，背景图就是非常简单的一句话。

（4）强化运营者自身IP形象

这类适用于通过视频号打造个人形象IP的账号，以加深自己在粉丝心中的印象。很多真人出镜的账号都是这样做的，因为个人形象就是账号代言人，如图2-14所示的账号"优创短视频学院"就是以个人照作为背景图的。

图2-13　简单一画账号背景图　　图2-14　优创短视频学院账号背景图

上述讲的主页背景图4大作用，也可以理解为背景图的4个选择原则。即要能体现账号定位和品牌调性；能对账号信息进行有效补充；能引导粉丝进一步关注账号；能强化运营者自身的IP和形象。

另外，在选择时还需要注意如下3个事项：

①背景图要美观，有辨识度，有专业度。

②背景图颜色与账号头像颜色、账号主体风格要保持一致。

③将欲传递的信息置于背景图中心，这是因为背景图会被自动压缩，只有下拉时才能看到全部内容。

需要注意的是，主页背景图不是每个短视平台账号必须具备的，如微信视频号账号中是没有主页背景图的；QQ小世界账号的主页背景图是系统固定的，无法自选。

2.2.4 账号简介：够简洁、有价值

优质的账号简介要简洁，尽量要让用户一看就明白。例如，如图2-15所示的支付宝官方抖音账号的简介：就是你们熟悉的那个支付宝。

账号简介最主要的功能，还是向用户传递有价值的信息，不能因为单纯地追求简洁性，而削弱价值性。

比如，某账号想通过短视频教大家学英语，简介是这样写的：世界500强外企总裁秘书。这样写只能表达出创作者职位高，能力有可能强，但用户感觉不到这个账号对自己学习英语有什么帮助。

如果改成下面，效果则会更好：

"世界500强外企总裁秘书，每天教你最标准的英式发音技巧及场景使用。"

通过对比，修改后的账号简介信息更丰富，从中可以直观地获得以下信息：创作者是世界500强外企总裁秘书，专业性高、经验丰富，每天可以学到最标准的英式发音。

如果要表达的信息较多，千万不要去赘述，而要高度概括、突出特色。如唯品会童装直播间账号简介，如图2-16所示。

图2-15 支付宝官方抖音账号简介　　　图2-16 唯品会童装直播间账号简介

冗长的简介既不容易让人记住，又抓不住重点。这里举个反例，某装修公司的账号简介：

公司主营业务包括半包、全包，提供各种样式的简装和精装，提供各种装修材料的批发和零售，提供各种测绘、检测、装修维护等售后服务。

改后的简介为：

本地十年装修品牌，每10家环保整装就有8家是我们做的。

通过对比，能直观感受到后者既简单明了，又突出了公司的实力（环保整

装），几组数据给人的印象尤为深刻。

另外，在写账号简介时，还要注意一些事项。

（1）注意显示的长度

账号简介避免字数过多，一是不利于阅读和记忆，二是限于账号实际情况，有一部分无法显示出来。大多数账号每行字数是15个，行数最多是6行，如果超出6行，每行超出15个字，有一部分则无法显示出来。

（2）倾向于过程

账号简介要倾向于过程，而不是结果，很多账号恰恰是在强调结果。比如，某做服装带货的账号，简介是"服装大量批发，量大优惠更多"，这是一个典型的倾向于结果的介绍，广告性过强。

如果改成倾向于过程的，如"爱搭配的万小姐"，效果则会好很多。"爱搭配"已经体现出行业属性，大家一看就知道你账号与服装有关。

（3）排版整洁

账号简介字数有限，因此版式也比较简单，关键是突出层次感，增加趣味性，尤其是行数较多时，可呈平行形和金字塔形。比如共有三行，那么三行字数可以相等，也可以逐步增加，即第二行字数比第一行多，第三行字数比第二行多。

同时，简介中也可以加入表情、符号等非文字元素，让版面看起来更活泼。

2.3 账号权重：直接决定账号的含金量

2.3.1 权重越大，曝光度越高

做短视频电商，账号权重是很多人都非常关心的。权重对于账号而言非常重要，视频能否上热门，与权重有着密切关系。同样的视频在权重高的账号上发，和在一个普通账号上发，2个小时后看播放量，一比较便知。

账号权重是指账号的权利和分量。所谓权利，是指账号在平台中享有的权利，就像持卡人在银行的信用度，信用度越高，得到的权利就会越多。以百家号为例，能否使用原创标签，能否自荐，能否用双标题，能否参与百＋计划，这些都是权利。所谓分量是指账号在平台中的地位或重要程度。分量不是由运营者自己说了算，而是由平台掌控，觉得账号有价值，才有更大的分量。分量的大小，一般是看账号的视频质量、粉丝量，以及粉丝活跃度。

综上所述，账号权重就是指账号所获得权利以及在平台中的地位。权重越高，从平台中获取的权利越多，地位越高。那么，高权重账号的好处有哪些呢？具体如图2-17所示。

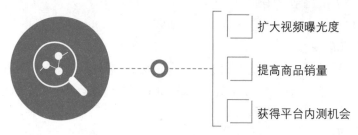

图2-17　高权重账号的好处

（1）扩大视频曝光度

权重会影响视频的曝光度，这是高权重账号最大的好处。高权重账号容易获得平台更多推荐，只要用户反馈好就会不断被推荐进更大的流量池，成为热点。

反之，低账号权重，一开始获得的初始流量会较低，曝光度没那么高。除非视频特别优质，否则只能在很小范围内传播，由于各项指标不达标，也很难进入下一个大的流量池。

（2）提高商品销量

高权重账号可增加商品的销量。账号权重与商品销量是直接挂钩的。这点主要体现在两个方面：

一个方面是曝光度带来的流量转化。上面讲到，高权重账号最直接的好处是所发布的视频有较大的曝光度，而曝光度就意味着流量，流量越大，转化率越高，转成的收益越多。

另一个方面体现在单价上。平台对外宣称的单价都是一样的，但具体到账号中会依据个体差异而定，账号权重越高，带货的商品单价会越低。因为他们可能是同行业的头部UP主，或者腰部UP主，单价低将成为他们的一大优势。

（3）获得平台内测机会

账号权重越高，更容易获得平台内部测试机会。任何平台都在不断地提升自己、优化自己，同时推出新功能。而新功能在推出之前，为保证良好的体验都会有内测期，即该功能在小范围内先试用，而权重高的账号就是被邀请的对象。账号权重越高被邀请的概率越大。

2.3.2 账号权重影响因素分析

账号权重如此重要，那么如何提升呢？这就需要先搞清楚影响账号权重的因素有哪些。

账号权重不是说掌握了某一个技巧就能快速提升，而是在多因素影响下逐步积累起来的。运营得好权重就会一路高歌，反之就会走下坡路，即使开始比较好，如果中途频频出现问题也会很快成为一个低权重号。

接下来，将从新手账号和成熟账号两个方面进行分析。

（1）新手账号

新手账号都处在零权重状态，这个时候最公平，因为大家起点是一样的，这个时候账号权重全部来源于初始发布视频的播放量。因此，唯一影响账号权重的就是视频质量，而且只要不违规，每个新视频都会获得几百的初始播放量。

初始视频的质量是影响新手账号权重的关键，平台决定是否继续推荐，就是看初始视频的表现。效果好的才会进入下一个推荐流量池。所以，一定要珍惜前几个视频（通常认为是5个，如图2-18所示），认真策划，精心打磨，将自己最精华、最有特色的内容展示出来。不仅仅是给粉丝看，更是给平台看，因为，平台会根据这几个视频的内容属性给账号打标签。

图2-18　前5个视频对账号权重的影响

比如，账号的前几个视频都是与国学有关的内容，那么，平台就会给账号打上"国学""知识"等标签，推荐的目标受众也是热爱国学的那一部分。

这样，其实就解决了账号定位、粉丝画像的问题，有利于账号的精细化运营。从这个角度看，在权重的积累上新手账号比成熟的老账号更容易些。关键是前几个视频，无论在内容创意上，还是在拍摄技法上都要重视，力争做到最好。

（2）成熟账号

成熟账号是指有一定粉丝基数的账号，这类账号的权重主要来源于粉丝对视频的评价及二次推荐。即当视频发布后，平台会优先推荐给账号已拥有的粉丝，然后，根据粉丝的数据反馈再决定是否继续投放到更多粉丝面前。如果反馈还是一样好，则还会继续推荐，慢慢地推荐范围越来越大。

那么，根据什么判定反馈是好是坏呢？这就需要参考一些数据，这些数据如图2-19所示。

图2-19　**影响账号权重的4项数据**

需要注意的是，这4项数据对账号权重的影响也不是同等的，比如，有些视频点赞量或评论量很高，但完播率较低，也很难得到持续推荐。

视频发布之后，平台会根据已有权重推荐给一小部分粉丝，先看完播率，依次是点赞量、评论量和转发量，即完播率＞点赞量＞评论量＞转发量。最后综合评估得出粉丝对本视频的数据指标，只有这个指标达到系统设定的标准时，才会被视为优质视频，给予更多流量倾斜。

2.3.3　提升账号权重的实操技巧

账号权重的提升是有规律可循的，主要来自两方面：一方面来自账号本身的分值，另一方面来自视频内容的分值，具体如图2-20所示。

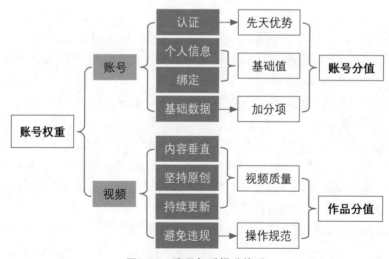

图2-20　**账号权重提升体系**

（1）账号分值

认证账号的权重比未认证的账号要高，这是一个先天优势。尽管都是认证账号，权重也是有区别的，账号认证分为官方认证和个人实名认证，官方认证账号通常要比个人认证的账号权重高。而在官方认账号中，政府机构账号级别最高，其次是企业账号、MCN机构旗下账号和个人认证账号。

个人信息和基础数据都是越完善权重越高。个人信息包括头像、昵称、账号简介等；基础数据包括粉丝数量、粉丝活跃度、粉丝品牌标签、视频播放总量、视频点赞总量、视频评论总量及视频转发总量等。

（2）作品分值

在作品分值中，视频垂直度、原创度、持续创造性，以及操作公司是否规范，将对一个账号的基础权重有很大的影响。

① 内容垂直　想要提升账号的权重，必须保持内容和领域的高度垂直。尤其是在刚开始的时候，每一个视频都需要围绕账号的定位去制作，有明确主题。视频主题不明确，大多推荐量、播放量都不会太好，因为自己都不知道讲的是什么，平台、粉丝更不会懂。

比如，一个做体育领域的账号，不能直接定位为体育。因为体育范围很大，有体育赛事、体育明星，还有体育器材、体育俱乐部等；即使限定做体育明星，还有国内明星、国外明星之分，有篮球明星、足球明星、游泳明星之分。

总之，视频必须要有一个明确的主题，内容高度垂直，这样看起来才能让人感到言之有物。

② 坚持原创　在短视频平台上，无论哪一个平台都存在内容高度同质化的现象，模仿、抄袭的同款视频非常严重。虽然大多数平台没有严厉禁止拍同款，除非直接搬运。但可以发现，模仿的视频永远超不过原创视频。

很多平台已经启动对原创视频的保护，后台有原创度检索，一个视频刚发出去系统就可以检索出来，然后再进行流量分配，对于原创视频都有流量支持。所以，要想账号权重高，必须坚持原创，做出创意。

③ 持续更新　一个账号活跃度越高，越容易得到平台的流量支持。而衡量一个账号活跃度的标准就是能够持续更新，稳定输出高质量的视频。对经常断更的账号，则会打入"冷宫"，一旦建立了账号，就要稳定自己发视频的频率，一天一条或两条，不断更新。

而且当发的视频数量多了，累计播放量就会提高，其他一些互动数据自然也会提高，这样账号整体活跃度就会有所提高。

④ 避免违规　发视频一定要保证在平台规则范围之内，避免违规，像不良推广信息、敏感选题等尽量不要涉及，不要挑战平台权威。偶然的违规平台不会给出严厉处罚，一般只是建议整改和删除视频，但违规较严重或多次违规，平台就会降低账号权重，甚至封号。

如果无法准确预估视频风险，可以在发布之前多阅读相关规定，有问题及时修改，没有则可继续。

第**3**章

内容运营：让内容成为一种力量，直抵粉丝内心

做好短视频电商必须坚持内容至上，内容即流量，这是与传统电商最本质的区别。只有优质内容，才能吸引、链接和留住用户。做好内容需要基于自身优势、特长、技能等带给观众知识、欢乐、休闲的内容，找到属于自己的领域并扎根进去。

3.1 内容构建：在内容中嵌入消费场景

3.1.1 构建内容＋消费场景的新模式

建立以内容为核心的消费场景，是内容和电商相结合的一种模式，即通过内容实现电商的导流。但不是说有内容，电商就可以实现，如果没有场景，这两个模块功能就是互相独立的，缺乏转化路径。

内容＋消费场景是电商的一种模式，在链接用户和触达用户上都比传统电商要强很多，短视频电商其实就是内容电商之一。所谓内容＋消费场景的模式，主体包括两个层面的含义，如图3-1所示。

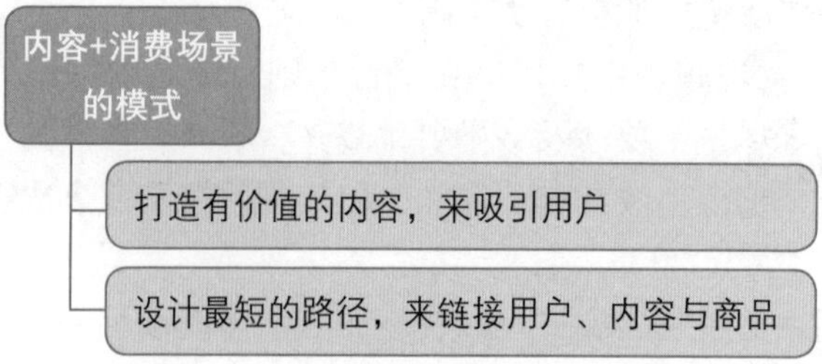

图3-1　**内容＋消费场景的模式的含义**

（1）打造有价值的内容，来吸引用户

互联网、移动互联网的发展，让每个人时时处处都能获取大量的信息。在这个信息大爆炸的社会，铺天盖地而来的信息充斥其中，从而引发了"墙纸效应"（指当一个起居室铺满400平方英尺的墙纸时，谁都不会注意到墙纸的存在）；换言之，当人们面对大量的信息时，便会本能地忽略这些信息。

这个时代缺的不是信息，而是人们的注意力，当注意力成为稀缺资源，如何抓住这些稀缺资源就成为关键。

短视频作为一种新的信息媒介，丰富的表现形式是其与生俱来的优势，每天向外传递的信息更是不计其数。想要抓住人们的注意力，则必须要依靠有价值的内容。这就需要在"生产"内容时必须注重价值性。

价值高低的衡量标准是从用户多元化、个性化的需求出发，能否让用户欢笑、获得新知、引人思考等，满足程度越高，内容价值也就越高。

基于此，在短视频电商运营过程中，如果能够进一步做到"投用户所好"，以用户关注的内容为核心进行生产，便可以在生产内容的同时，吸引大量用户。

（2）设计最短的路径，来链接用户、内容与商品

消费者对消费体验的要求越来越高，消费场景也变得越来越重要。好的消费场景更有利于与用户建立情感链接，并达成价值共识。

因此，在做短视频时要对场景进行精心构思和设计，将场景融入消费行为中去，为用户营造"沉浸式体验"。

接下来设想这么两个场景：

场景1： 用户在抖音上看到一个优秀的视频，该视频对某个商品的推荐让用户心动了。于是用户先退出视频页，再进入商城，搜索该商品，找到商品进入商品详情页。

场景2： 用户在抖音上看到一个优秀的视频，该视频对某个商品的推荐让用户心动了。而在视频下就有该商品的链接，用户直接点击，即可直接跳转到该商品详情页。

以上两个场景，明显是场景2更好，用户从内容消费转向商品消费的路径更短。如果让用户按照场景1的方式来购买商品，路径长、干扰信息多，流量损失会很大。而且场景2还有一个优势就是沉浸式消费引导，毕竟用户此时还处于对视频的认可中，此时直接在视频下方加入商品链接，能得到用户的认可，从而提高转化率。

好的消费场景能让用户处于高度专注、未遭干扰且体验最佳的无意识状态。处在该状态之下的用户会表现出与内容产生某种关系的强烈意愿，既增加了更多层次传播的可能性，还可以将潜在的消费行为及时转化为行动。

3.1.2 内容如何高效触发消费行为

向用户提供有价值的内容，并营造高体验的消费场景后，接下来要做的就是，考虑如何高效触发用户的消费行为。那么，怎样才能高效触发用户的消费行为呢？这里有一个公式：消费行为=消费动机+交易成本+触发。

（1）消费动机

任何消费都是有动机的，消费动机是指引导购买活动去满足某种需要的内部驱动力。在这个体验为王的时代，只要能搞清楚用户（购买商品）的消费动机，无论什么样的商品，都会有人对它趋之若鹜。

消费者的消费行为是受动机支配的，所以，短视频电商做短视频，不能只闷头做内容，而是要明晰内容所传递出的商品信息能否迎合用户的购买动机。对于用户而言，在短视频上进行消费的动机主要有如图3-2所示的5种。

愉悦
　　游戏、电影……
痛苦
　　医院排队、春节回家……
希望
　　约会、名牌大学……
恐惧
　　保险、疾病……
社会认同
　　LV、排行榜……

图3-2　用户的消费动机

还是那句话，"人们购买的不是商品，而是更好的自己"，追求更高的生活品质、更加积极的价值取向和自我价值的实现。所以，高效触发用户的消费行为，要先弄清用户使用商品的动机。

以微信为例，不同阶段都瞄准了用户不同的动机，所以才能无论如何迭代，都能牢牢留住用户，并不断扩大规模。

微信1.0特色是免费发消息，发消息是功能，免费是动机。

微信2.0增加语音功能，方便是动机。

微信3.0增加摇一摇功能，猎奇则成动机。

微信4.0有了朋友圈功能，社会认同感是动机。

微信5.0上线打飞机游戏，打飞机是功能，愉悦是动机。

微信6.0亮点是红包，红包是功能，社交是动机。

（2）交易成本

为什么有的大号拥有几百万粉丝却无法变现，而有的只有几万粉丝却收入不菲？这与交易成本有关。经济学里有个专属名词叫作"交易成本"，这个名词在体验经济时代体现得更充分，不仅仅是费用，还包括时间、体力、脑力、社会舆论以及生活习惯等。

用户体验的本质就是降低自己的交易成本：不要让我等，不要让我烦，不要让我思考。交易成本越低，越能引发用户的消费行为，猫眼、携程、滴滴、ETC、12306……正是因为能帮助用户降低交易成本，所以才备受大众青睐。

所以，当明晰了动机，接下来就是看看用户交易成本怎么样，是不是很高？如果是，需要进一步降低。

（3）触发

先看日常生活中一个常见现象：你的手机每月有1GB的流量，每月的20日会收到10086发来的一条短信，提示已经使用了990MB，还剩10MB。回复×××，仅需×元即可获取100MB的流量包。这个时候大多数人会毫不犹豫地订购，因为10086知道你的动机，并且交易成本很低，就剩下最后一步——触发，每月一条提醒短信就是触发。

意愿、能力和触发很容易形成一个良性的循环，有利于行为共振的养成，大量用户的行为共振会形成一种新的社会形态。比如，很多商家和品牌精于此道，每年"双11"这几天搞大量促销活动，其实"双11"就像一个触发器，时间一到，大量的剁手族就会争先恐后地涌入平台，开始抢购。

有意愿，动机不足需要"灵感"来激发，如限时抢购、买一送一等促销手段；有能力，但意愿不够，则需要一些引导和辅助。用户认可商品，也具备购买的能力，一个触发就好，多余的行为反而会引起用户反感。

3.2 内容创意：4类视频创意技法，让好内容替产品说话

3.2.1 图文类视频

图文视频顾名思义就是以图片＋文字的形式展现内容，这类视频最大的优势是更加突出文案。最典型的有书单类视频，如图3-3所示。文字是核心，至于背景、音乐则是陪衬和点缀，目的是给粉丝营造更好的阅读体验。

图文视频更适合文字内容价值较高的账号，以文字为媒介，将用户引流至店铺（挂小黄车），示例如图3-4所示。

图文视频制作也相对简单，一般只需要下载某个软件，撰写好文案就够了，具体步骤如下：

① 选择一个制作软件；

②选择画布尺寸和制作模板；

③预设风格，包括背景、视频素材和其他设置；

④角色选择，根据内容确定人物形象，包括护士、医生、主持人等；

⑤填充文案，撰写文案后，将文案填充至模板中，并对其进行简单的设置，如字体、颜色、排列、呈现形式等。

前4个步骤是程序式的，是一个熟能生巧的过程，操作难度不大，最难的是第5步，撰写一份富有吸引力的文案，需要严谨的构思、优秀的语言组织能力和高超的

图3-3　书单视频截图

图3-4　图文视频挂小黄车示例

写作技巧。这类视频制作简单，上手容易，但运营一段时间后需要对内容进行升级，千万不可原地不动，竞争永远是动态的。

图文类视频拍摄门槛低，人人都可以做，同质化比较严重，竞争大。而且当植入品牌或商品信息后，往往会显得很突兀，前后信息反差过大易让人心生厌恶。

3.2.2　真人出镜类视频

很多人在刷抖音、快手等短视频时，看到最多的一类就是真人出镜。真人出镜类短视频较之图文视频优势明显，更真实、更多维，体验更好，更容易建立起用户的认可，传播口碑。

以解说类题材视频为例，如果采用图文类，每天以字幕的形式解说商业之道，大家听完之后，对视频内容的印象估计也是比较模糊的，因为注意力被视频中无关的画面给分散了。但同样的内容，如果以真人出镜的形式来解说，粉丝的印象就集中在UP主这个人身上，如果比较有特色，对其说的话也会记忆犹新。

显然，真人出镜的效果会更好，当粉丝看完一个或几个真人出镜的视频后，就会记住这个人的形象。久而久之，该形象就会深深印入粉丝心中，这与现实生活中我们交朋友是一样的。大家每天见面就会很熟悉，经常去看你在干些什么，分享些什么，如果推荐的东西有用、有价值，也乐于购买。

经过以上分析，真人出镜是一种具有优势的内容，这类视频也最容易获得官方的大力推荐。

3.2.3　影视剪辑类视频

很多想做短视频赚钱但又无法真人出镜的，可以退而求其次做影视剪辑。其实，这是一种不错的形式，在B站还是一大特色。影视类内容在B站特别火，该领域UP主呈现出百花齐放的现象，整体播放量都很高，也就是天花板上线比较高。他们有着统一的账号设定，名字中透露账号与影视有关，例如"××说大片""××说电影"，头像几乎全使用Q版的拟人形象，塑造出各自鲜明的特点。

不过，需要注意的是，这类视频需要做精、做细、做出特色，粗制滥造、高度重复的内容肯定不行，严重的话还会被平台封号、限流。

B站的"凉风Kaze"，他的视频中有一个系列叫"阅片无数"，这个系列是帮广大网友答疑解惑。这个系列中每个视频的片头是固定的，然后精选出网友的问题来回答，这些问题可以说是包罗万象，比如开头的问题是最近的一个热门新闻。

下面将推荐做影视剪辑类视频的3个方法，如图3-5所示。

图3-5　**影视剪辑类视频的3个方法**

（1）影视混剪

影视混剪是指在一个视频中包含多个精彩片段的视频，对于新手来说相对简单，更容易上手操作，适用于影视杂谈、影视剪辑类的视频。

具体操作方法如表3-1所列。

表3-1　**影视混剪具体操作方法**

方法	注意事项
选择软件	选择一个剪辑软件，选择一个模板，并固定下来，之后的每个视频可以重复使用
选择音乐	找什么样的音乐很重要，音乐属性决定了找什么样的素材。同时，也可以选择大多数同类视频常用的音乐或热门音乐
收集整理素材	素材最好自己找，而且是原始素材，千万不可直接下载别人的视频进行简单的二次剪辑，否则很容易被平台视为搬运视频
素材衔接	把收集好的视频素材根据音乐的点衔接成一部完整的片段，可以添加一些字幕、特效等

（2）卡点剪辑

卡点剪辑类短视频，视觉上有一种更强的冲击力，难点在于需要的素材比较多。具体做法上前3步与影视混剪一样，先确定软件，找一段节奏感较强的音乐。然后，把整理好的素材，按音乐的节奏衔接起来。最后一步素材衔接，需要运用多个转场特效，对画面质感、调速、语调进行统一调试，尽量弱化视频与视频的衔接痕迹。

（3）影视盘点

影视盘点是指以一个主题将所有的视频素材贯穿，例如"××主演的那些搞笑电影，你都看过吗？"适用于短片预告类视频，具体做法有如下两点。

第一，搜集材料。搜集××主演的几部主要电影，在每一部电影中剪辑几段大家都熟悉的经典片段，一般为10～15秒。

第二，视频衔接。这里的衔接没有卡点剪辑要求那么高，甚至可以用片名很硬性地将每段视频衔接起来。

最后强调一点，以上三类视频无论做哪一类，在视频的最后都加一个引导用户关注的小片段，这也是品牌和商品植入的关键，如"我是×××，关注我，每天给大家带来更多精彩视频"。

3.2.4 剧情、段子演绎类视频

剧情、段子演绎类视频有角色，有故事，有矛盾，代入性较强，往往能营造一种轻松、愉快的观看氛围。大多数用户喜欢这类视频，在粉丝吸引、流量转化方面效果非常好，因此，也备受短视频电商青睐。

接下来，详细介绍这类短视频的制作技巧，具体如图3-6所示。

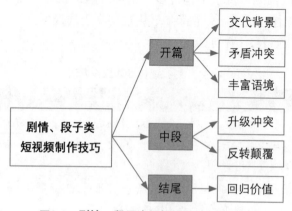

图3-6 剧情、段子演绎短视频的制作技巧

（1）开篇

① 交代背景　每一次开篇都需要简单地交代一下背景，阐述清楚人物、事件、故事之间的关系，速度要快，避免过于啰嗦。

② 矛盾冲突　情节不能过于平淡，而要善于制造矛盾和冲突，有了矛盾和冲突，粉丝才会特别期待接下来的剧情。一熊和一狗相互怒视，"战斗"一触即发！熊和狗对峙，本身就是一个矛盾——一个强壮一个弱小，粉丝似乎可以预料到一边倒的结果，也希望有出乎意料的结果。

③ 丰富语境　语境指语言的使用环境，它包括语言因素，也包括非语言因素（时间、空间、情景、背景音乐等）。这时可以配一段武侠高手对决的背景音乐，渲染气氛，即使没有任何言语描述，氛围也可以马上烘托出来。

（2）中段

① 升级冲突　开篇简单交代的矛盾冲突，在中段要进行升级，建立新的矛盾和冲突，让剧情更充满悬念。比如，熊在与狗对峙的过程中，一只狗崽走了过来，大熊看见小狗后露出了可怕的尖牙，做出猛扑过去的架势。

② 反转颠覆　为了突出搞笑的效果，除了对矛盾进行升级，最好采用反转的手法，颠覆大众的常规认识，让最后的结果出人意料。

仍以上面大熊和狗对峙的故事为例，狗崽的出现，让气氛紧张到了极点。很多人会觉得小狗的命运肯定会很惨。但这时，狗妈妈的母爱力量迸发出来了，突然非常凶狠地叫了一声！大熊猛然一惊，气势全无，掉头就跑，这时音乐也改成喜剧。这种打破了人们常规想法的反转，就是"抖包袱"。

（3）结尾

结尾要"弘扬正气，宣传正能量"。即使是喜剧类的，结尾也最好对整个视频释放出来的价值做出解释，可能是某个道理，也可能是某种价值观，具体可以用文案点拨一下。

比如，通过大熊和狗对峙的故事，让大众明白了一个道理：母爱的力量是伟大的，即使对手看起来很强大，也敢于亮剑。

需要提醒的是，剧情、段子演绎类视频优劣势十分明显，容易走两个极端。优质账号的视频播放量很高，涨粉也很快，而劣质账号则会越来越难，如果内容差，不经常进行升级，尽管涨粉快，忠诚度也很低。而且这类视频需要团队运作，导演、摄影、演员等，因此成本往往较高。

3.3 拍摄技巧：拒绝千篇一律，爆款视频助力产品惊艳出圈

3.3.1 拍摄爆款短视频6大步骤

短视频电商并不都是非常专业的，对于刚入行的人来说需要先掌握拍摄步骤。拍摄步骤尽管不是固定的，但完全不知道的话，拍摄出来的短视频肯定会缺少一些什么。爆款短视频每个细节都是精雕细琢的，完美无缺的。

短视频拍摄通常有6个步骤，只有按照流程走，才能拍出优质的短视频。接下来，将详细介绍这6个步骤，如图3-7所示。

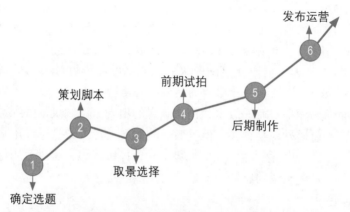

图3-7　短视频拍摄通常有6个步骤

（1）第1步：确定选题

在拍摄短视频之前需要先确定选题，即拍摄的主题和风格。这是重中之重，选题是其他步骤的绝对前提。它解决的是思路问题，要先确定选题，后续的工作就是纯技术问题。

那么，如何确定选题呢？首先，要明确自己账号的定位，根据定位确定拍摄主体，比如，美食、宠物、情感等。如果是美食，则进一步确定是拍摄家常菜、西餐蛋糕，还是小零食等；然后再选择风格，比如，美食探店、美食教程等，也可以加入个性化内容，如萌妹美食等。

（2）第2步：策划脚本

脚本即拍摄短视频每个镜头的剧本。短视频脚本比较简单，一般只要确定人物对白、演员站位、拍摄手法，以及一些关键镜头即可。每一个镜头都要保证有足够的冲击感和画面感，需要考虑采用什么方式表现，需要哪些辅助道具等。

然后，将以上的东西以文字方式形成具体的、可执行的计划，这样就能保证在拍摄中不会毫无章法。

（3）第3步：取景选择

脚本准备好之后就是取景，景是短视频中的主要表现元素，起着陪衬主体的作用，在一些特殊的视频中，甚至比摄影技术、文案和其他技术更重要。要根据短视频的内容选择合适的场景，比如，文艺的画风可以选择景色比较优美的地方，家常的画风就可以选择家里、大街上等具有烟火气息的地方。

（4）第4步：前期试拍

短视频虽然只有一两分钟，但绝不是一次就拍摄成功的。而是不断试错，一点点完善起来的。通常是先按照脚本整体拍一遍，然后看效果，然后针对不完美的地方，重复拍摄，反复调整，直到满意为止。

（5）第5步：后期制作

视频拍摄完成之后就进入后期剪辑阶段，这是保证视频效果不可缺少的一步。短视频的后期剪辑主要包括4个部分的内容：一是对剧情长度进行剪辑；二是添加符合短视频主题的背景音乐；三是利用特效，加强视频表达效果，比如，倒流、反复、速度、放大等；四是确定短视频封面，通常是选择视频里比较精彩的画面作为封面。

（6）第6步：发布运营

发布这一步是很多人常常忽视的，或者看得过于简单了。其实，视频的发布还有很多细节要注意，比如，发布时间。视频的发布要选择网友看视频的高峰期，下午5点后通常是一个高峰期，肯定要比上午7~8点发布效果好得多；必要时还要结合不同的人群具体分析，比如，视频的80%受众是宝妈，上午7~8点反而是比较休闲的时间。

另外，还有添加发布位置，注意发布入口等细节，添加位置后，平台会根据位置，将视频优先推送给周边用户，可以大大强化视频的本地传播；如果视频正好与平台发起的某个热点话题相吻合，就可以选择直接从话题入口发布，这样，就可以享受热点话题带来的流量加持。

总之，视频的发布很关键，不能简单地搞"一键发送"。

3.3.2　短视频拍摄装备的进阶

"工欲善其事，必先利其器"，设备就是拍摄短视频的"器"，没有好设备的加持也很难拍出高质量的视频。用于拍摄短视频的设备有很多，而且各有优劣势，下面将对如图3-8所示的3种常用设备进行优劣势分析。

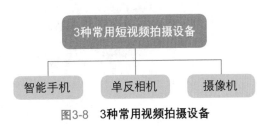

图3-8　**3种常用视频拍摄设备**

（1）智能手机

智能手机是短视频拍摄最常用的工具，尤其是在手机功能越来越多，清晰度越来越高的前提下，拍摄效果也越来越好，成为大多数短视频电商新人的入门首选。

但智能手机也是优劣势明显，最大优势是使用简单，携带便捷，能够随时随地拍摄，大大降低了拍摄成本。劣势是拍出的视频质量有所欠缺，光线难以调节，拍摄近景时清晰度不够；稳定性差，容易造成画面抖动。

因此，在使用智能手机时需要一些"神器"辅助，以弥补其不足，如自拍杆、手持云台、外置镜头等。

（2）单反相机

单反相机是一种较为专业的拍摄设备，可以最大限度地弥补智能手机的不足。例如，智能手机镜头感差的问题，是因为手机镜头是一个广角镜头，而且没有标头、长焦端。拍摄时只能局限于形状、体积等，无法拍摄景深类照片。假如遇到虚化背景的小景深照片，则很难拍出效果。

鉴于此，单反相机是一种中高端摄像设备，用它拍摄视频画质比用手机好很多。较之智能手机，单反相机的优势主要有3个，如图3-9所示。

然而，单反相机也有其劣势，比如，价格贵，便携性差，通体操作差，新手很难掌握。而且往往需要针对不同短视频平台要求进行具体的调整。

画面质量优质

可以经过映象更加准确地取景，使拍摄出的画面更清晰，接近实际，与现实中的影像尽量保持一致

景深效果比较好

大尺寸图像传感器，配合大光圈镜头拍摄，能够获得很好的景深，形成强烈的背景虚化效果

卓越的手控调节

依据需要调整光圈、曝光度，以及快门进度等，可获得比手机更加独特的拍摄能力

图3-9　单反相机的优势

（3）摄像机

摄像机分为业务级和家用DV两种。业务级常见于新闻采访或者大型专业拍摄场合，业务级摄像机电池蓄电量大，散热较好，而且有独立的光圈、快门及白平衡等设置，拍摄画质比单反相机好。

但业务级摄像机由于体型较大，使用起来不便捷，而且价钱较高，因此，普及度较低。如果没有特别需要可以选择家用DV摄像机，机型较小，方便携带，稳定性也不错。

3.3.3 巧用构图法，拍出超炫感

每次拍摄前除了注意被拍摄的商品是否中心突出、主次分明、视觉效果佳，还要兼顾周边其他元素，这就需要构图。构图是一个艺术术语，是艺术家运用审美的原则安排和处理形象、符号位置关系的方法。摄像的构图规则与静态摄影的构图规则十分类似，在短视频拍摄上无论是前期拍摄，还是后期剪辑都要考虑构图问题。

短视频电商在运用构图法时，必须时刻以商品为基准，以更好地表现商品。短视频电商常用的构图法有6种，如图3-10所示。

水平/垂直　中心　对称　对角线/X形　九宫格　三角形

图3-10　短视频拍摄常用的6种构图法

（1）水平/垂直构图法

水平线构图法是最简单的构图法，在实践中运用最多，特别适用于水平方向画面的拍摄。这种构图法要求相机与被拍物体处于同一水平面，并且保证水平线置于画面1/3或接近1/3处，如图3-11所示。

图3-11　水平线位于画面1/3或接近1/3处

水平线构图法中的水平线就像画面的"分界线",能给人一种平静、稳定、均衡的感觉。可以完美地展现大场景的壮观与宽广,特别是在广角镜头中,可以容纳更多的画面元素,让画面更加丰富、视觉效果更好。

与水平构图法相对的,还有一种垂直构图法,即以垂直线作为画面的分界线进行构图的一种方法,不同的是不必严格按照1/3进行划分。视觉效果和线条可以充分展现商品的高度,看起来立体而有秩序。垂直构图法的原理来源于左右方向力的均衡状态,视觉冲击比较强,展现力更强,如图3-12所示。

(2)中心构图法

中心构图法,又叫中央构图法或中间构图法,是将被拍摄物置于画面正中心的一种拍摄方法,也是一种简单并且常见的构图方法。原理来源于人们的视线比较容易集中在物体的中心位置,所以当商品(或商品主体)处于中心位置时更容易吸引视线。

这种构图法最大优点就在于主体明确、重点突出,而且容易给人一种上下、左右的平衡感,如图3-13所示。

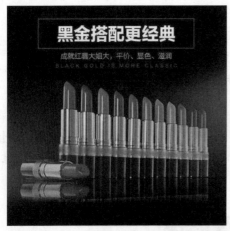

图3-12　水平线位于画面1/3处　　　　图3-13　中心构图拍摄法

(3)对称构图法

对称构图法是利用商品的对称关系,来构建画面的一种拍摄方法。这种构图法有着自然安定、均衡、协调、整齐、典雅、庄重完美的优点,符合人们的视觉习惯。比如,大家经常看到的蝴蝶,深受人们的喜爱,是因为拥有对称且美好的形体、翅翼、花纹。

这种方法拍摄出来的画面有对称美，但是拍摄画面中的对称构图并不是简单的左右一样，而是通过更加复杂的手法可以达到画面的视觉均衡，如图3-14所示。

（4）对角线/X形构图法

利用对角线构图法拍摄出来的画面富于动感，显得活泼，容易产生线条的汇聚感觉，吸引人的视线，达到突出主体的效果，效果图如图3-15所示。有效利用画面对角线的长度，将画面分割，让主体与配体发生直接关系。

图3-14　**对称构图法拍摄实图**

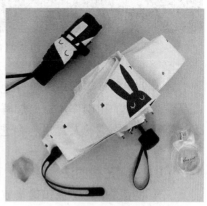

图3-15　**对角线构图法拍摄实图**

对角线构图法的关键，是把商品放在画面的对角线上。在具体拍摄时可以调整商品摆放位置，使之在画幅中形成动感的斜线，也可以使之与画面中背景或配体形成对角关系。

类似于对角线构图法还有一种X形构图法，但更加复杂，即将商品按照X的形式排列。这种方法特点是透视感强，以四周为出发点，人的视线很容易被引向中间一点，或者是从中心一点出发，把人的视线引向四周。这样，人对于画面的关注就比较集中，从而增加画面的力量感，如图3-16所示。

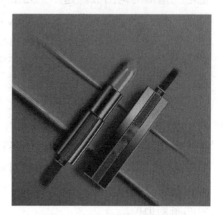

图3-16　**X形构图法拍摄实图**

（5）九宫格构图法

九宫格就是指在画面上横、竖各画两条线，形成一个"井"形，将画面分为九个方格。其中4个交叉点是视线的重点所在，在拍摄时将商品置于4个点上，或交叉位置处，如图3-17、图3-18所示。

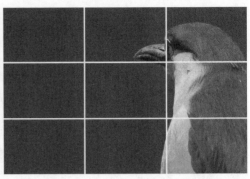

图3-17　九宫格构图法拍摄实图1　　　　图3-18　九宫格构图法拍摄实图2

这种方法的优势是可以更好地发挥商品在画面中的组织作用，更加鲜明突出，有利于与周围的人、景、物进行协调，产生联系。

（6）三角形构图法

三角形构图法是将被拍摄物放在三个视觉中心点或三角面上，以形成一个稳定三角形的构图法。这个三角形可以是正三角、倒三角、垂直三角形或斜三角。如图3-19所示，其中，斜三角较为常用，也较为灵活，具有稳定、安定之感，多用于近景人物、特写等拍摄。

需要注意的，构图不但要注意主角的位置，而且还要研究整个画面的配置，保持画面的平衡性和画面中各物体要素之间的内在联系，调整构图对象之间相对位置及大小，并确定各自在画面中的布局地位。

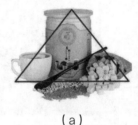

（a）　　　　　　　　　（b）

（c）　　　　　　　　　（d）

图3-19　三角形构图法拍摄实图

3.3.4　这样写短视频脚本更简单

脚本原本是指戏剧表演、电影拍摄时所依赖的程序，现在应用在短视频拍摄上也非常适合，是短视频拍摄时参考的剧本，多用在正式拍摄过程中或后期剪辑时。视频剧情较简单时，一般只要按照脚本拍摄就可以。因此，在这里可以将脚本看作剧本。实际上脚本不等同于剧本，剧本只是脚本的一个子分类。

一个完整的短视频脚本通常包括镜号、景别、镜头等，具体如表3-2所列。

表3-2 完整的脚本内容

镜号	景别	镜头	画面内容	时长	备注	音效	分镜本
1							
2							
3							
4							
5							
6							

表3-2是一个相对固定的模板，呈现出脚本的基本内容，有助于拍摄思路更加清晰。具体可以根据一个案例进行分析，如表3-3所列。

表3-3 脚本内容填写示例

镜号	景别	镜头	画面内容	时长	备注	音效	分镜本
			Logo	3s			
			黑幕	3s			
1	特写	定	箱子被打开，一只手伸进来	4s	机子放在箱内	箱子打开声音+蝉鸣渐入	
2	全景	定	一位大叔站在便利店门口冰箱前，旁边放着一箱刚开的矿泉水，正将水一瓶瓶摆进冰箱，然后将冰箱门关上	10s	冰箱门关上的一瞬间切镜	冰箱门关上的声音+蝉鸣	
3	特写	拉远至全景	冰箱中的第一瓶矿泉水	5s		蝉鸣	
4	全景	定	一位送报的年轻人骑着自行车来送报，将报纸给老板后准备上车。突然想到什么，下车在冰箱里拿了一瓶矿泉水，结账，喝了几口水，将水放进车篮	10s		蝉鸣	

续表

镜号	景别	镜头	画面内容	时长	备注	音效	分镜本
5	全景	跟	年轻人走街串巷送报纸，不时停下喝几口水	5s		环境音	
6	近景	跟	年轻人想再喝发现水已喝完，于是拧上瓶盖，随手将瓶子丢在路边	5s		环境音	

在填写表格时其中有3项需要特别注意，一个是景别，另一个是画面内容，再一个是分镜本。

（1）景别

很多人不清楚什么是景别，它是指拍摄场景的方式，正如表3-3所述。景别通常有5种，分别指远景、全景、中景、近景、特写，具体如表3-4所列。

表3-4　脚本的景别

景别	视觉
远景	视距最远、表现空间范围最大的一种景别。主要表现地理环境、自然风貌和开阔的场景和画面
全景	表现人物全身形象或某一具体场景全貌的画面
中景	表现人物膝盖以上部分或场景局部的画面
近景	表现人物胸部以上部分或物体局部的画面
特写	表现人物肩部以上的头像或某些被拍摄对象细节的画面

（2）画面内容

画面内容是指根据视频需求细致描述剧情的内容。比如，用远景和特写分别描述一个广袤草原的场景，可以这样描述，可参考表3-5所示内容。

表3-5　画面内容

景别	画面内容	镜头内容
远景	广袤草原	仰拍，碧蓝的天空，流淌的溪水，淡淡的白云，天空和草原交界处，一排大雁一字形如画
特写	广袤草原	女主角穿着漂亮的裙子，坐在碧绿草地上，伸出手，触摸草叶上的露珠，背景可以是正在低头饮水的马

画面内容是为画面拍摄准备的话术，不过，对于短视频而言不能过多。15秒的短视频文字不超过50个字，1～2分钟长的不超过180个字，不然听起来会特别累。

另外，需要注意的是，对于需要强调的地方，如时间、人名、地点等，配音内容中无法全面描述的内容，也可以以字幕形式出现在台词中。

（3）分镜本

分镜本也叫故事板，是一个更加细化的脚本种类。所谓分镜本，是拍摄者根据自己对剧本的理解、想法，以"场"为单位，将剧本细化到镜头的一种细分剧本。分镜本并不是必须有的，它主要有两个作用，一个是避免拍摄者在拍摄过程中漏掉某个镜头，另一个是用于后期剪辑制作。一份好的分镜本、一份记录详细规范的场记单，会让剪辑工作省许多事。

3.3.5 短视频的"神来之笔"：剪辑

想要拍出优质的视频，除了求新求变、善于创新外，还要遵循一定的标准和流程。否则，所谓的创意就无法形成自身优势，比如，某个视频经过团队所有人的头脑风暴，火爆全网。但如何让头脑风暴形成的方法持续为其他视频所用，就需形成科学的流程和标准，方便在以后的创作者中直接套用。

（1）转场

转场是视频剪辑的一种衔接技巧，用于两段或两段以上视频之间的过渡。视频从头拍到尾只用一个场景，是无法多层次展现出内容的，给用户的视觉感受也很差。而要展现多场景就必须将多个视频串起来，这时就会运用转场技巧。转场技巧具体包括8个做法，如图3-20所示。

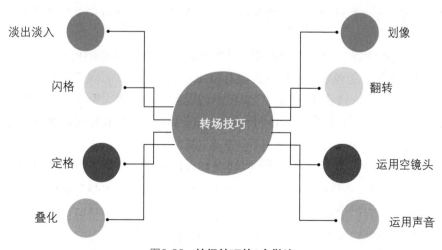

图3-20 **转场技巧的8个做法**

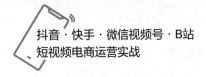
（2）运镜

运镜也叫运动镜头，顾名思义是指通过推、拉、摇等动作，让镜头发生位置变化和空间转移。巧妙应用运镜技巧可以让视频画面富有变化，让视频情感更加立体化。运镜技巧也包括8个内容，如图3-21所示。

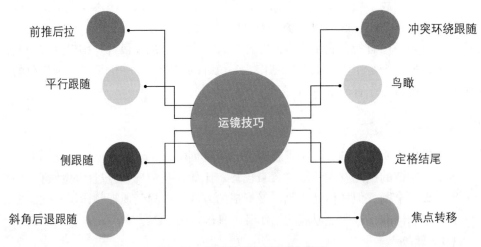

图3-21　运镜技巧包括的8个做法

（3）色彩校正

为保证视频画面色彩不失真，通常需要在拍摄或后期制作中进行色彩处理。色彩处理对视频画面质量的提升非常重要，处理得好与坏直接决定着视频对目标受众的吸引程度。无论拍什么都必须确保画面色彩准确，色彩是目标受众在看视频时最直观的感受。

那么，如何精准还原视频画面的颜色呢？最常用的是与色卡比对。

色卡是视频画面色彩与原色彩进行对比的一个常用工具，就像我们学习几何必须用尺子一样，是一个很好的参考工具。色卡是颜色的标准，有了统一标准就可以对照色卡对颜色进行微调，以使不同设备、不同时段拍出来的视频画面不会反差太大。

比如，在上午、中午、下午3个时间段分别拍摄同一场景，由于时间不同，画面色温也会不同。这时，色卡就起到重要作用了，匹配3个不同的色卡，就可以很快完成后期的调色工作。

再比如，在同一场景下，使用不同设备进行多机位拍摄时，可以每个机位都拍一个色卡，借助它对所拍视频进行色彩校正。把校正结果应用到素材上，匹配不同机位的拍摄，这样在后期制作时，就不用花心思去人为调摄像机了。

目前，常见的色卡有如表3-6所列的4类。

表3-6　色卡的类型与作用

色卡类型	色块	作用
24色卡	4个色块，每个色块6种颜色，共24种。6个色彩色块、6个肤色色块、6个灰度色块、6个高亮/阴影色块	色块种类齐全，可以保证在视频拍摄时获得想要的色彩平衡
三级灰阶色卡	3个色块，分别为白色、40 IRE灰色以及黑色	获得准确的曝光和对比度，确保拍摄画面呈现出准确的中间调（如肉色）
对焦卡	—	确认或调整镜头的法兰焦距或后焦距。完成对焦测试后，可以用对焦卡对比测试同个项目所使用镜头的锐度
白平衡卡	—	白平衡是所有拍摄的起始关键，确保所捕捉的画面色彩更加一致，后期剪辑切换时也不会显得很突兀

第 4 章

粉丝运营：
圈住粉丝套牢流量，
为变现打基础

自媒体时代是一个粉丝经济时代，通过视频向广大粉丝传递价值。有了粉丝之后，接下来就是运营问题，以实现持续变现的目的。粉丝运营就是与粉丝建立良好的关系，对粉丝进行科学的管理，满足粉丝痛点需求，提高与粉丝的黏性。

4.1 圈住粉丝：将最有需求的粉丝圈起来

4.1.1 精准匹配粉丝群体

很多短视频电商吸引不到大量粉丝，根源就在于对粉丝没有明确定位。有的甚至连这个意识都没有，理所当然认为"我的商品适合所有人"。其实，无论什么行业都存在这样一个事实：不是每个人都喜欢你的商品，如果对方没有需求，连看也不会看一眼。

关于粉丝的定位，应该成为每个短视频电商必须要做的一件事情，最简单的理解就是要解决"商品计划卖给谁"的问题。

现在几乎所有的短视频平台都实现了"千人千面"。所谓千人千面是指当用户打开平台的时候，不同的人看到的页面是不一样的，1000人就有1000个不同首页。这是平台的视频推荐机制，平台系统会根据每一个人的浏览、互动偏好，推荐相应的视频。其实，这就是平台对目标群体精准定位的体现，旨在快速地将用户想要的内容推荐出来，节省浏览时间。

连整个大平台都在对目标用户进行定位，何况依赖于平台而存在的商家和品牌？粉丝之所以会买商品，并不是因为商品有多好，而是商品可以解决他们自己面临的问题。所以，粉丝很大程度上买的不是商品，而是问题的解决方案。但很少有商家和品牌会考虑到这点，这就导致在千人千面越发严重的今天，粉丝数据下滑，流量获取更难。

对目标粉丝进行精准定位，一般要通过人群画像。人群画像是对粉丝的消费行为进行调查的一种方法，一般从如图4-1所示的6个方面入手。

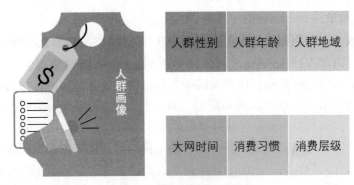

图4-1　人群画像的具体内容

（1）人群性别

目标粉丝的性别定位是根据具体商品进行的，而很多短视频电商却忽略了这点。比如，丝袜这个关键词，搜索量最大的是女性，但性感丝袜搜索量最多的是男性。而大部分商家和品牌在做这个定位的时候，往往都会误认为只有女性。这与在定位时陷入自我认知的误区有关，不做深入调查，只根据以往习惯上的想法做判断。

所以，人群画像第一步就是确定商品针对的粉丝性别，而且根据具体商品具体进行。

（2）人群年龄

商品针对的年龄层级，会直接决定后续的营销策略、定价方案、详情页的卖点制作、推广渠道等。对人群年龄的定位不能单纯根据岁数维度划分，比如，青少年、中年和老年等。这样的划分是一种粗放的划分，无法达到精细化运营的要求。

其实，除一些特殊商品外，大多数商品的销量与消费者的年龄关系不大，只与购买力、购买意愿有关。2022年抖音商城出炉一份消费报告，其中，有几项数据是颠覆大多数常规认知的。

抖音直播间购买美妆商品最大的人群，不是20多岁的青少年，而是50岁以上的中年女性；餐饮用具下单最多的不是30～40岁的中年妇女，而是18～30岁的男性；防脱商品下单最多的不是中年男性，而是18～23岁的青少年。

这一组数据充分说明，商品与年龄段无关。线下美妆商品，之所以缺乏中老年女性消费者青睐，是因为价格太高。爱美是女人的天性，无论哪个年龄段都有，而抖音直播间美妆商品价格相对较低，因此才聚集一大批50岁以上女性消费者。餐饮用具之所以受18～30岁男性青睐，是因为功能齐全，样式多样，迎合了这部分人的隐性需求，而传统的消费主力军中年妇女只看实用性，还是偏重线下消费。

短视频电商面对消费群体，与传统电商存在很大差异，即使是同类商品，由于价格差异较大，吸引的消费人群也不同。

（3）人群地域

人群地域，指购买商品的人群主要集中在什么地区，地域与消费偏好有很大的关系。比如，山东人喜欢大葱，广东人喜欢嗦粉，中东部最爱吃醋。

同样是上一份数据显示：山东人购买大葱订单量居全国第一，这与山东人对大葱有着特殊感情有关；广东人喜欢嗦粉，方便粉丝/米线/螺蛳粉类商品订单量，广东排第一；中东部最爱吃醋，中东部贡献醋相关的订单量占比接近50%。

明确了粉丝的地域之后就要做一系列的运营调整。比如，在短视频的内容上多做与消费地域有关的；商品主图、详情页卖点表达的文案做成买家所在地的风格，进而提高点击转化率；或将广告投放倾向于所在地等，这样更容易吸引目标粉丝。

同时，配套服务也要向消费地域倾斜，将物流仓储投放在买家聚集的地方，从而提高物流速度。

（4）大网时间

所谓大网时间是指目标粉丝集中购买商品的时间。短视频平台上的粉丝大部分都是碎片化的时间比较多，购买时段较分散，但特定人群消费行为和浏览轨迹还是比较集中的。

比如，针对年轻妈妈的人群，可能在晚间或早上4～5点购买的较多。大网时间，可以确定视频发布或广告投放时间，以及商品上架、下架时间。

（5）消费习惯

可以理解为，消费行为与商品的匹配度。这点非常重要，匹配度高可以直接带动商品实现转化。如2017年完美日记布局B站，这里的用户以"Z世代"人群、一线城市大学生为主，他们崇尚新潮、时尚，愿意为创意买单，而且B站用户与完美日记商品匹配度高达90%。

通过超级带货UP主推荐，中腰部UP主发布超过1000篇体验、测试、种草视频，最终打造出上亿级的播放量。

2018年完美日记布局小红书，这里的用户90%是女性用户，18～35岁用户占比80%。她们爱分享，也愿意接受他人的分享，崇尚"颜值即正义"，用户与完美日记商品匹配度100%。

（6）消费层级

消费层级是指同类商品中，目标粉丝偏爱什么样的价位。比如，54%的人群喜欢100～300元价格区间内的连衣裙，那么，由此可以大致判定商品的定价范围及目标客户。

总之，做短视频电商要力争做到千人千面，以潜在粉丝需求为主，根据粉丝的属性、行为习惯等，以及商品属性确定粉丝和商品标签。当商品标签与粉丝标签相匹配，将会被优先推荐展示出来，快速将商品推荐给粉丝，以节省购买时间。

4.1.2 多层面分析粉丝需求

在对粉丝进行精准定位后，接下来就是分析其需求。需求包括多个层次，只有明确了不同层次的需求，才有可能做出有针对性的视频内容，视频内容中推荐的商品才更容易被接受。

那么，具体应该如何分析粉丝需求呢？可以从如图4-2所示的3个方面入手。

图4-2 分析粉丝需求的3个方面

（1）始终坚持"以粉丝为中心"

分析粉丝需求必须搞清楚一个前提，那就是坚持"以粉丝为中心"。这句话看似简单，但真正做起来却很难。不少商家和品牌的做法甚至是本末倒置，也许本意是围绕需求去做，但做着做着就莫名其妙地变成了"以商品为中心"，视频中处处充斥着商品利益。

以商品为中心体现的是商品价值，往往是先介绍商品，然后再盲目地迎合粉丝需求。以粉丝需求为中心体现的是粉丝价值。介绍商品之前先了解对方的需求，然后结合企业或商品特点进行介绍。

以介绍某款电脑为例：

角色A：推销人员；角色B：客户孙先生；场景：高尔夫球场。

A："孙先生，请问您出差时经常带笔记本电脑吗？"

B："是的。"

A："您会不会觉得笔记本电脑太重，带出去很不方便啊？"

B："是啊，要是能轻点就好了。"

A："孙先生，我们这款笔记本重仅1.7千克，随身携带是非常便捷的。"

B："是吗？那挺不错的。"

A："孙先生，我还知道您是一位装饰设计师，所以经常需要做一些美工图吧？"

B："对啊，基本上出差带电脑就是为了做设计图。"

A："我明白了。我们这款电脑采用的是最新的高端显卡，××××的显示核心，×××的位宽，内存更是达到了×××GB，再配合××英寸的高清润眼屏，不仅作图软件运行流畅，而且作出来的美工图案也看起来特别形象、逼真！"

B："嗯，这显卡确实很不错。那其他配置呢……"

上述案例中的推销人员抓住了客户经常出差和作美工图案这两个重要需求，有针对性地介绍了商品重量轻和显卡高端这两个特点，从而引起了客户的极大兴趣。视频一定要围绕粉丝需求做，因为只有粉丝看到视频内容感觉到对自己有用，才会进一步关注商品，产生购买欲望。

（2）充分挖掘粉丝潜在需求

粉丝的需求有些是显性的，但更多是潜在的。做视频除了要满足粉丝的显性需求，还要兼顾潜在需求。潜在需求是隐形的，不可见，这就需要深度挖掘。

思考商品核心价值是什么，定位是什么，知道了核心价值和定位，才能进一步提炼商品卖点和优势；充分去了解粉丝，明确这一类群体的最迫切需求是什么；想想商品竞争对手有哪些，他们是如何做内容的，优、缺点各是什么。

深度挖掘需要思考3个方面的问题，即了解商品、了解粉丝、了解竞争对手，具体可归结为如图4-3所示的3个。

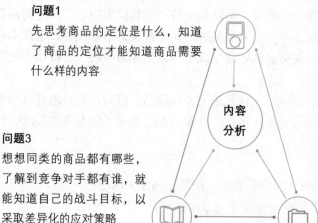

问题1
先思考商品的定位是什么，知道了商品的定位才能知道商品需要什么样的内容

问题3
想想同类的商品都有哪些，了解到竞争对手都有谁，就能知道自己的战斗目标，以采取差异化的应对策略

内容分析

问题2
明确目标用户是谁，思考这些用户有什么样的特征，想想他们会需要什么样的内容

图4-3　粉丝潜在需求分析需要了解的3个问题

这3个问题有助于了解自己的商品，了解粉丝需求，让商品和需求更吻合，也是短视频电商粉丝运营必须做的工作。

（3）精准抓住粉丝痛点需求

首先阐述一下什么叫痛点需求。人的需求大致有3个，分别为刚性需求、附加值需求、痛点需求。3种需求迫切程度不同，对消费行为的促动也不同。刚性需求是"我想买"，附加值需求是"我要买"，痛点需求是"我不得不买"。三者是一种递进关系，刚性需求是基本需求，痛点需求是高等需求，当前一种需求得到足够满足时自然会追求更高一级的需求。3种需求关系如图4-4所示。

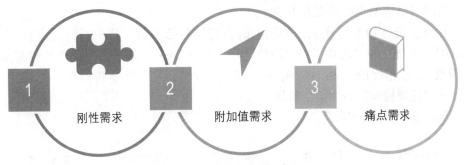

图4-4　3种需求关系示意图

所谓痛点需求就是满足消费者超出预期的需求，解决他们面对的最痛苦、无法解决的那一部分问题。痛点即痛苦，人们对痛苦的事情往往难以承受，找准令他们感到痛苦的需求，然后集中全力去满足。

例如，滴滴打车一家独大，原因是找到打车一族的痛点需求。打车，对于打车一族来说是刚需，但也有痛点，痛点是打车难，想打车却不知道司机在哪里。滴滴打车软件的核心就是解决打车难这个痛点。

再如，菜刀是实实在在的刚需，家家需要，也正因如此大多数菜刀很难成为爆品。因为它们只满足了大多数人用菜刀切菜的普遍需求，而没有解决痛点需求。菜刀的痛点需求是什么？是磨刀麻烦。刀用久了就会钝，需要磨。这时，一款不用磨的陶瓷刀出现了，由于很好地解决了不用磨刀的问题，在众多同商品中脱颖而出，也很快成为一款爆品。

唯有痛点才是最迫切的需求，唯有最迫切的需求才能令消费者心动。如果视频仅仅满足的是消费者刚性需求或普通需求，而不是最迫切的痛点需求，那么可能不是一个好视频。因此，要想获得更多消费者，必须知道消费者痛点在哪儿，并根据这些痛点去做视频内容，解决令粉丝最痛苦的问题，让其产生不得不看的感觉。

4.2 套牢流量：建立自己的私域流量池

4.2.1 对粉丝进行精益管理

短视频已经进入成熟期，流量获取难度进一步加大，成本进一步升高。因此，短视频电商想要吸引更多的粉丝，圈住粉丝，就必须打造私域流量池。

打造私域流量池本质就是做好粉丝关系管理，如果把"流量池"比作一个"鱼塘"，那么，公域流量池是"别人的鱼塘"，私域流量池则是"自己的鱼塘"。显然，管理自己鱼塘里的鱼更有主动权。

对粉丝进行精益管理就是将别人的鱼变成自己的鱼，这一过程通常有5个步骤，即"寻鱼"→"诱鱼"→"圈鱼"→"养鱼"→"生鱼"，这5个步骤都是紧紧围绕粉丝进行的，相对应的为"寻找粉丝"→"引导粉丝"→"集中粉丝"→"管理粉丝"→"衍生粉丝"。

具体路径如图4-5所示。

图4-5 从引流到成交的过程线路图

（1）寻找粉丝

在拥有IP之后，利用其他自媒体IP吸引流量，引流到微信中，为其持续提供更加有深度的价值内容和服务，找到需求集中度高的潜在粉丝，并对粉丝进行精准画像。

（2）引导粉丝

找到粉丝后，设计一套路径让他们了解商品。方式有很多，比如，设计一些抽奖活动、体验课券等，根据自身商品的用户习惯、需求来设计内容。

（3）集中粉丝

将符合企业或商品意向的粉丝集中起来进行管理。将鱼儿圈养在自己的流量池里，提高留存率和活跃度，通过社群运营、用户运营增强用户信任感。

（4）管理粉丝

在集中客户到自己的"私域流量池"之后，利用各类运营手段和工具将流量转化为零售商自己的会员，不断地提高用户复购率。

（5）衍生粉丝

利用砍价、拼团、分销等裂变技能去让用户为自己生成新的用户，通过自己的鱼塘去吸引别的鱼。

零售商打造私域流量池，与"公域流量池"相比，能有效减少流失率，而公域流量池由于缺乏专门的维护，流失率相对较高。

4.2.2　为粉丝提供高价值的信息

如果发布的视频没有播放量，没有粉丝，或者单个视频播放量很高，但粉丝不见增加，说明视频内容的价值低，用户无法从创作者发布的作品中获得满足感、价值感。

一条视频的质量如何，关键是看它的内容输出如何。纵观如今众多短视频中，无论是以颜值为主，给人以愉悦的感受；还是以技能教授为主，让用户学习和成长；或者是以故事情节为主，让用户感动和调动情绪、思考；这些视频内容都有它一定的内容价值输出。无论是愉悦感、价值感，还是满足感，如果创作者提供的视频，并不能给用户带来什么，那么用户为什么要关注你的账号？站在用户和平台的角度思考问题，或许能给创作者带来更多改变。

价值思维是指向用户提供的内容要有价值，能满足用户的需求，并让用户不断复购。前面讲到私域流量绝大部分都是来自公域流量，试想，如果你提供的内容无价值，那用户凭什么从公域跳到你的私域里来？

提供的内容没有价值，私域流量池将养不住鱼。那么，什么是有价值的信息呢？这里主要针对广告中有用的部分。

众所周知，私域流量中的广告在向用户展示时面临着一个困境，即必须是广告，又不能完全是广告。"必须是广告"原因是没有广告就无法实现很好的变现，只有粉丝数量却无法变现，所谓的流量将没有任何意义；"不能是广告"原因也很简单，大家都能理解。假如你把粉丝加到微信群里，却在不断刷屏发广告，粉丝很有可能会反感。

当然，也不意味着不能发广告。毕竟广告的信息传递功能不可替代，只不过用户需要的不是"硬广告"，而是那种有温度、包裹在信息流中的"软广告"。几乎所有人都会在自己的微信朋友圈留下几个"卖货的"，当然，前提是商家和品牌的货和表达方式是用户所需要的。

例如，李佳琦的直播，每天直播的就是各种推荐广告，但销售不错，粉丝也不反感。原因何在？就是因为大部分人来看他的直播，就是为了看有什么值得买的，这时，购物就成了刚需，如果再做才艺类表演，反而会令粉丝不满意。

同样道理，用户加你微信，就是因为买了你的一个东西，看看还有什么好东西。如果加了你，却发现全是一些日常琐碎，就会认为没必要。

同样是发广告，有些让人喜欢，有些让人反感，主要原因就在于能否找准发广告与不发广告的临界点。这个点很重要，说白了就是价值意义所在，至于该如何把握这个"临界点"，主要还是取决于用户的需求是不是刚需，如图4-6所示。

图4-6　广告价值思维的临界点

有些商家和品牌"以货为本"，就那么几个商品，反复刷屏，就算是好东西也会令人审美疲劳。而有些商家和品牌则始终坚持"以人为本"，十分清楚粉丝的需求所在，并围绕这些需求推荐合适的商品。

就好像最早做淘宝天猫店的，有工厂者以"货"为本，工厂生产什么，卖什么；无工厂者则反而做到了以"人"为本，用户需要什么就卖什么，显然后者更能满足用户需求。

4.2.3　坚持持续高效的内容输出

做短视频电商本质是做内容，以内容带动消费。现如今几大主流短视频平台内容越来越丰富，各有特色，而且细分做得非常好。每个细分领域都聚集了一大批有共同兴趣、爱好的粉丝，这些人又形成了一个个圈子，可以说，每个圈子都有强大的内容输出能力。

例如，美食是各大短视频平台上不可缺少的一类内容，从参与主体分就有多个角色，如美食爱好者、厨师、餐饮经营者、美食品鉴官等，有的美食爱好者仅利用一道道家常菜就能吸引一大批粉丝。

任何群体都有特定的需求，就像对于美食爱好者，"吃"仅仅是表面现象，通过"吃"享受美食带来的乐趣、感受，以及与相同爱好者的心得，转而实现变现才是最终目的。

再比如，有些做美甲的商家通过短视频为粉丝提供美甲知识、美甲小技巧，间接推销美甲工具和美甲油。如图4-7所示就是一个专门做美甲的商家，通过视频教粉丝如何DIY美甲。

在短视频平台，知识类内容正在成为"新宠"。原因就是以传播知识为主，商品销售为辅的这种方式，不仅能全面展示商品，还能与用户深入交流，迎合粉丝深层的需求。

知识类内容大致可分为6类，具体如图4-8所示。

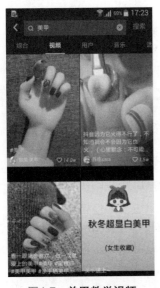

图4-7　美甲教学视频

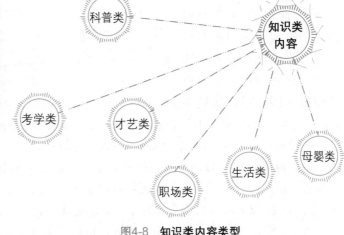

图4-8　知识类内容类型

搭建一个知识型平台，就是为了让大家聚在一起交流和学习。在这个过程中，UP主就是组织者、粉丝的服务者。一名优秀的组织者、服务者在组织中自然是焦点，万人瞩目，当所有目光都聚集在这个点上时，商品的品牌力、影响力自然会得到提升。

4.3　轻松变现：撬动粉丝消费行为的3大技巧

4.3.1　巧妙借势，带动消费

热点视频往往意味着海量曝光度，因此，借势热点是视频运营中非常重要的一个技巧。与热点结合已经成为创作者的共识。

抖音某主播，在冷启动的情况下实现了40天涨粉160多万的目标，原因就是用数据驱动内容"智"造。再加上结合了热门背景音乐（BGM）和舞蹈，通过事件发酵，完成了用户的原始积累。

该创作者先发布了一条《学猫叫》视频，通过数据监测发现粉丝对这个BGM感兴趣，尤其是某明星也点赞并转发。于是，顺势推出与该明星的合拍视频，视频推出后引起了用户的强烈互动，单日增粉量达到了6.7万。

热点视频打造路径如图4-9所示。

图4-9　某主播热点视频打造路径

在选择热点事件或现象时必须结合账号的定位。蹭热点主要目的是借助热点将自己的内容传递出去，让更多用户了解自己的短视频账号，让更多用户记住账号的特点。但是在蹭热点之前，一定要确定好自己账号的定位，如果自己的账号定位不明确，蹭热点也是一点效果也没有。

热点范围是很广的，不仅包括社会事件和现象，还包括热门BGM、热门视频以及新近粉丝增长最快的创作者视频都属于热点。参考热点可以更快地找准创意方向，更加有的放矢地进行内容创意生产，制造爆点内容。

所以，蹭热点一定要结合细分领域，将热点事件与商品定位紧密结合，制作出新的创意视频，而不是简单做复制。

但并不是所有热点都可以"借"，具体有如图4-10所示的5个注意事项。

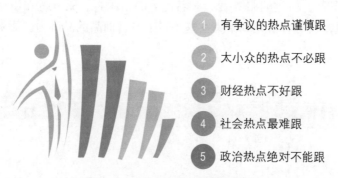

1　有争议的热点谨慎跟

2　太小众的热点不必跟

3　财经热点不好跟

4　社会热点最难跟

5　政治热点绝对不能跟

图4-10　借势热点的5个注意事项

（1）有争议的热点谨慎跟

过于大众的热点之所以不宜跟，原因就在于热点来源的可靠性无法保障。2020年6月贵州公交车坠河事件，是当时全网热点事件，在该事件的效应下，很多视频号借此机会迅速收获了一波用户关注。该热点最初爆发时，有相当多的微信视频号账号将事件矛头指向了公交车司机之外的人员，以至于当事人遭受了无辜的人身攻击，最终不得不采取法律诉讼进行维权。

在官方辟谣后，曾将矛头指向无辜人员的自媒体账号、微信视频号账号均遭到了视频下架、账号降权，甚至封号的处罚。风险太大，是太过大众的社会热点不宜跟的根本原因。

（2）太小众的热点不必跟

过于小众的热点不值得跟，原因就在于热点过小，关注的人群有限。此类热点发布后，绝大多数被推荐了该视频的用户并不了解热点中所涉及的人物、事件，因此难以勾起用户的兴趣点，导致视频的互动数据不佳，最终影响到视频的后续推荐。

（3）财经热点不好跟

财经热点之所以不好跟，原因就在于涉及投资、理财、股票、基金乃至保险的视频往往带有较强的引导性。视频平台为了尽可能地规避某些隐性风险，通常并不主推此类视频。比如投资理财、基金保险类的视频一般比较难以通过"Dou＋推广"的视频审核，正是基于此。

（4）社会热点最难跟

社会热点最难跟，主要是社会热点的爆发具有一定的突发性，社会热点视频往往需要在热点爆发后的数小时内发布追随热点的视频，若时间过于滞后，人人都已经知道了该热点，不需要观看同样的视频。

（5）政治热点绝对不能跟

无论是对于个人视频号还是企业视频号，政治热点均是视频创作的雷区。由于视频号的审核机制和标准异常严格，任何与政治挂钩的内容都会被列入重点审核对象，"宁可错封一百，不可放过一个"是此类视频审核的基本标准。视频一经删除，带来的降权处罚异常严重。除非是具有传媒资质的视频号，其他账号都应该尽量避免在视频中出现政治元素。

蹭热点切忌什么都蹭，借力时需仔细思考，找到与热点结合的正确方法，才能最大限度地达到效果。另外，要注意利用热点话题时，尽量保持客观，不要盲目站队，一味以自己的主观判断来引导用户，后续事件发生反转时，就会严重影响用户对我们的好感，不利于建立与用户之间的信任。

4.3.2 制造话题，提升转化

在视频中加入某个话题，尤其是热门话题，有助于视频上热门，也有利于粉丝就话题展开谈话、互动，强化粉丝黏性。在视频中添加话题，添加在标题文案中，大多为一个或多个关键词集合，带"#"字样，如图4-11所示。

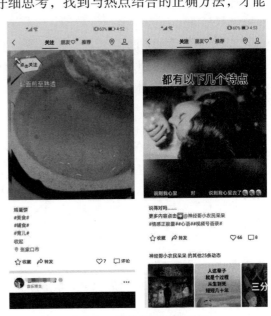

图4-11　视频话题添加效果

在微信视频号中添加话题，有导读、聚合、整理、归类的作用。添加话题既可以让粉丝在看视频的时候，更清晰地了解视频的内容、定位，也可以将视频导入细分流量池中。

例如，美食类视频，如果添加"#美食"话题的话，粉丝不但会很直观地知道视频内容，同时也会自动归到美食细分领域中（单击话题即可进入）。同样，搞笑类视频，添加"#搞笑"话题也有这样的效果，如图4-12所示为搞笑类视频添加话题后的效果示意图。

图4-12　视频添加话题效果

给视频添加话题好处有两个：一个是定位视频内容，另一个是将视频导入细分流量池中。每个细分流量池聚集着大量需求精准的粉丝，这样视频就有了更精准的受众，更容易被粉丝认可。

而且如果视频被粉丝认可度较高，点赞数、评论数等各项指标上来后，还容易占据细分流量池的首位，这样，视频的曝光度就会大大增加。

那么，如何给视频添加话题呢？有两点需要注意，一是注意添加方法，二是要注意选择标准。

（1）话题添加方法

话题的添加方法比较简单，只需按照平台提示操作，基本上是一键式操作。以微信视频号为例，具体方法如图4-13所示。

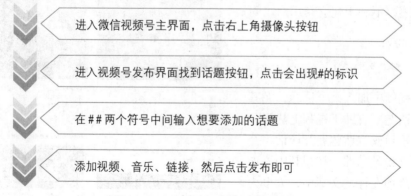

进入微信视频号主界面，点击右上角摄像头按钮

进入视频号发布界面找到话题按钮，点击会出现#的标识

在##两个符号中间输入想要添加的话题

添加视频、音乐、链接，然后点击发布即可

图4-13　微信视频号添加话题的方法

（2）选择话题的标准

给短视频添加话题，关键是选择什么样的话题。好的话题有助于视频上热门，不好的话题反而会起到阻碍作用。那么，话题的选择上可以按照以下4个标准进行。

① 话题与账号、视频定位相关　话题是辅助视频的，因此，话题必须与账号、视频定位相关，垂直度高的话题更有利于被系统推荐，获得高流量。

② 话题要有实际传播价值　有价值的话题才能被大众认可，持续传播。那么，如何判断一个话题是否有价值？可从如图4-14所示的3个方面考虑。

图4-14　判断话题是否有价值的标准

③ 话题受众范围广　话题不一定是热点，但受众范围一定要广，受众广被看到的概率才会大。例如，同样是美食题材，一个选题是某个省的食材好吃，一个选题是全国的某种食材哪里好吃。前者覆盖的是某一个区域，而后者可能涉及全国的某食材的比拼。这种话题就会引发一种类似"全民讨论"的热度，有助于提升视频播放量、评论量。

④ 话题选择有痛点　话题只有切中粉丝痛点才能戳中人心，激发用户的讨论欲望。很多话题正是因为有了痛点，才成为社会关注度较高的话题，比如关于二胎的话题，关于催婚问题。

4.3.3　高效互动，引导粉丝反馈

有研究表明，消费者和商品的相关联系越多，消费的可能性就越大，互动对用户转化十分重要。在私域流量的留存上，与粉丝互动也是非常有效的一种方式，可以让用户有参与感，增强私域用户黏性，营造种草氛围，为私域转化做配合与铺垫。

互动想要有效，关键是要引导用户参与私域互动。在具体的引导上，可以采用一个用以提升用户参与互动意愿度模型：预期—行动—反馈。该模型的具体含义如图4-15所示。

图4-15　提升用户参与互动意愿度模型

预期，是指对用户的预期管理，是对解决用户问题的承诺；行动，是指用户可参与、可执行的动作，它通常与商家和品牌的目标是一致的；反馈，是指正向反馈，符合用户预期的，激励用户的下一次行为。那么，具体应该怎么利用这个模型呢？

（1）做用户预期管理：把握好"黄金时间"

黄金时间通常指的是用户刚加入进来这段时间。对用户进行预期管理，必须在接触用户的那一刻就开始进行引导参与，给用户超预期的体验和惊喜，让用户快速感受到私域服务的价值。同时，告诉用户接下来在私域里将会得到什么样的服务。

例如，Ubras（内衣品牌）在将用户引流到私域中后，会为新用户设置两个福利互动，供用户在两个中选一个。只要用户选择其中一个，与商家的互动就开始了。比如，用户选择了抽奖，中奖后用户需要把截图、兑换券码等凭证提供给工作人员兑换奖品。工作人员获得用户反馈后，第一时间进行互动。这样"一来二去"就可以让用户感受到私域价值，以及品牌的温度。

（2）引导用户行动：降低互动门槛

做好用户预期管理后，接下来就是引导用户行动，这个行动一定是用户可参与、可执行的动作。换句话说就是参与门槛要尽可能地低，因为引导用户参与的目的是提升活跃度，或提升转化率、GMV，或提升私域互动氛围。所以，门槛是越低越好。

例如，肯德基常用的一个私域互动玩法"扎气球"，用户参与度相当高。

游戏是12只气球，每只气球标有1个号码，气球背后藏有福利，引导用户在群里回复相应的数字，第一位猜对的用户便可获得奖励。事实上100%的中奖概率，大大提升了用户的参与意愿，游戏的本质是将抽奖变成翻卡片式的互动游戏。不需要动脑思考，凭感觉翻牌，不到两个小时就开奖，让用户感到有趣的同时，还能降低参与这类活动的阻力。

（3）引导用户正向反馈

给用户预期，引导用户行动后，接下来就是想办法激励用户下一次行动。比如，晒单领福利，这就是一种比较常用的引导用户反馈，一方面可以带动种草氛围，另一方面也是一种"使用者证言"，可以更好地引导用户转化。

盒马鲜生把乐凯撒晒单互动玩法做到了极致，用"打卡"的方式引导用户晒单行动，在小程序（社区平台）发布笔记，辅以UGC的运营引导，提升用户互动率、用户忠诚度。

还有一种方式是评论互动，这是一种引导用户正向反馈的较低成本操作，及时回复粉丝的评论或留言，如果没有时间一一回复，也可以做统一回复，并置顶。比如，可以引导粉丝在评论区自行展开讨论，比如，"觉得今天的内容对你有用的话，欢迎在评论区留言"。

第5章

数据运营：
分析大数据，获取引爆
短视频的成功秘籍

数据是信息时代的产物，是运营规律的客观呈现，想要做好短视频运营，让内容保持更好的曝光度，就需要对视频进行数据分析，用数据反过来指导短视频的运营、传播和变现。数据分析可以帮助商家和品牌更了解用户，对用户需求有更深入的了解。

▌5.1 数据思维：透过数据表面，看清运营本质

5.1.1　初期：指导视频创作方向

数据分析贯穿短视频创作的每一个环节，持续发挥着不可忽视的作用。因此，作为短视频电商必须要有数据思维，利用数据分析来指导视频的运营。

很多人认为，内容生产是一件完全依赖灵感就能完成的事情，其实并不全是。灵感是没有持续性的，凡是能够持续产出好内容的都有比较敏感的数据思维。数据在内容生产、传播、变现等各个环节发挥着至关重要的指导作用。

在短视频创作初期，数据的作用主要是对创作方向进行指导和把控。因为对于新运营者而言，在不明确用户需求，没有用户反馈的情况下，需要先进行数据调研，然后根据分析结果确定即将要做的内容。

那么，如何进行数据调研呢？主要有两个途径：第一个是参考热门视频数据，第二个是自运营数据。

（1）参考热门视频数据

很多短视频平台都有热门视频板块，目的就是集中呈现平台某段时期内的热门

视频。例如，抖音上的"抖音热榜"，下分"热点榜""娱乐榜""社会榜""同城榜"，如图5-1所示，通过这个榜单可以找到24小时内的热门视频。

图5-1　抖音热榜

抖音热榜是抖音综合统计一天之内视频的搜索量、关注量、播放量、转发量、点赞量、评论量后，通过算法处理，推送关注度、搜索量最高的新词。用户可以主动通过热搜榜单获得当下最具时效性的热点，无疑大大提高了体验感。

更重要的是，热门视频和话题相当于为创作者提供创作素材和灵感，创作者可以直接从榜单上获得热点素材，运用到自己的视频中。

当然，仅仅依靠热门视频等数据是不够的，还需要综合自己的运营数据，即自运营数据。

（2）自运营数据

自运营数据即先试着发3～5个视频，然后分析各个视频所获取的数据。比如，美食类视频，最初完全可以挑自己喜欢的，或者会做的去拍，然后重点看其完播量、点赞量。完播量代表视频的可看性/价值，点赞量代表粉丝对内容的认可，能引起情感上的共鸣。

需要注意的是，3个试运营视频也要精心制作，不能因为是试运营就马虎大意。同时，思路、呈现方式要有所不同，尽量涉及同类美食类视频主流拍摄方式，如果有独创的方式更要重点体现出来。因为，最后还要对各个视频的数据进行对比，以此大致判断粉丝到底喜欢哪类视频，及这类视频的特点。只要确定了视频类型，就可以在这个基础上优化后面的视频。一般来讲，当发布10个视频后，视频在平台中的定位就明晰了，无论制作、拍摄，还是包装、呈现方式等都有了自己的风格。

5.1.2　发布期：优化视频发布时机

短视频的运营工作是方方面面的，而且需要精细化运营。在这个过程中，数据的作用更加重要，那么，如何通过数据来指导视频的运营工作呢？主要体现在用数据来指导发布时机。

视频的发布时机包括两个层面的含义：第一层是不同平台的流量高峰期；第二层是某个平台内潜在用户的活跃期。

（1）抓住不同平台上的流量高峰期

每个平台都会有自己的流量高峰期，抓住流量高峰期视频才能获得更大的曝光量。不过这部分数据需要根据已发布视频获取的播放量、评论量等，自己观察、记录，得出结果，总结规律。

尝试过在不同平台、各个时间段发布视频，分析一下哪些时间段视频获取的数据最好，不同平台上的数据高峰期有什么特点，等等。

例如，腾讯、爱奇艺传统媒体平台，刚发布时并不能马上获得较高的播放量，高峰期可能在一周后。而像抖音、快手这类自媒体平台刚好是反的，视频发布的24小时，甚至更短时间内，数据就会出现一个爆发式的增长，过了这个时间点数据便不会再有明显的增长。只有一些特别优质的，或有热点趋势的，才有可能在1周后，或更长时间内某一个时间点突然有一个陡增的现象。

（2）把握平台内潜在用户的活跃期

在对视频发布时间进行分析时，对用户活跃期时间进行分析也是非常有必要的，即要明确目标用户哪个时间段不看视频，哪个时间段看短视频最多。

如图5-2所示是某个抖音视频发布后播放量变化趋势。

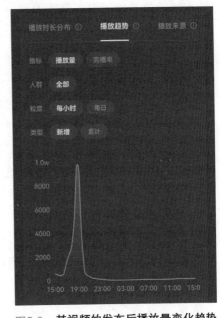

从图5-2中可以发现，晚上7点是播放量的一个高量点，其次是早上10点、中午12点和下午4点以及晚上0点，但多个事实证明晚上7～10点发布数据量增长比较好。鉴于此，在抖音发布视频最好在晚上6点左右，在这里需要注意下，在晚上6点发布审核期也是最短的，尽管审核时间无法估算，有时快有时很慢，但根据经验5～6点审核时间会短一些，晚上8点后时间就会比较长。

图5-2　某视频的发布后播放量变化趋势

除此之外，在运营过程中也要结合目标受众进行分析，看看他们的活跃时间，在哪个时间段看视频最多，然后根据这份数据调整更加合适的时间。

如目标受众是职场人士，最活跃的时间可能就是晚上6～8点，此时恰逢下班期，或晚上9～11点休息前这段时间；如目标受众是宝妈，最活跃的时间可能是上午8～11点，或下午3～4点的时候。

5.1.3　后期：提升视频运营效果

由于数据具有滞后性，只有完全生产出来，运营人员才能进行完整、有效的分析。因此，数据对视频的作用更多地体现在发布后，用于优化、完善提升播放效果，这部分也是数据运营的重点。

视频发布后，数据对视频的作用主要包括以下两个方面。

（1）运营复盘，判断健康情况

通过分析数据波动变化情况，可以判断视频运营的健康状况，比如粉丝增长量、评论量、点赞量等。这3项数据是衡量视频运营是否健康的主要指标。正常情况下，其趋势图应该形成完全一致的波形，波形越一致代表健康度越高，如图5-3、图5-4、图5-5所示。

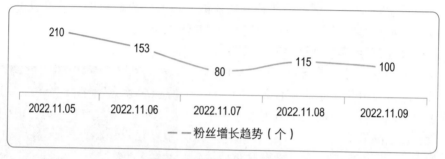

图5-3　视频粉丝增长趋势线

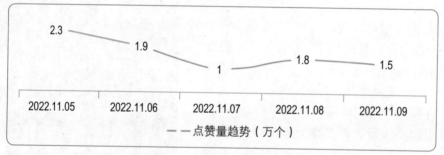

图5-4　视频点赞量趋势线

图5-5　视频评论量趋势线

倘若3条趋势线任何一条出现相悖的波动，就说明该视频可能出现了问题，是好是坏需要进一步分析原因。

比如，创作者在某个短视频的第8秒、第16秒分别植入了引导用户参与互动的运营点。那么，最终显示在该视频的评论量趋势图中，很有可能在相应点就会出现两个波峰。原因就是粉丝在看到视频这两个时段，发表评论的欲望被诱发了。

上述内容说明，在剖析基础数据的时候，能够看到在内容创作和运营引导里面用到的点，这些运营点在视频数据化后会有比较明显的反馈，即增长或减少的趋势。

（2）查缺补漏，调整优化内容

通过对视频数据的分析，可对内容进行及时调整、优化，生产出更符合目标用户需求的内容。

用数据来选择运营重点，以更好地做好查缺补漏工作。对于短视频电商团队，尤其是新团队人力不足时，一定要清楚地知道运营重点在哪儿。通过数据来判断，哪些平台需要重点运营，哪些平台需要次运营，哪些平台只要发布就好，哪些平台放弃。比如，有的视频在快手、抖音上播放量非常高，而在B站播放量就很低。

这是很正常的，因为平台推送规则不同，面向的目标受众也不同。快手的特点是更注重下沉城市及市场，而抖音更注重年轻以及主流用户，B站的用户更为小众和年轻。

需要注意的是，初期可以将运营力平均铺在所有平台上。接下来可以观察每天这一类内容在每个平台的数据表现，如果持续在一些平台表现很好，那么，团队可以把运营主力扑向这个平台，对其进行精细化运营，一直摸索到在该平台发布和获得高流量的一些方法，才算进入稳定运营期。

5.2　数据维度：6项核心指标，多角度复盘视频展现效果

短视频数据包括播放量、完播率、点赞量、评论量、分享量及关联指标等。每项数据都是有意义的，代表用户对内容的反馈。作为短视频电商运营人员必须要清楚知道数据代表的意义，并且能够根据变化对视频进行优化。

5.2.1　播放量：判断视频内容的优质程度

播放量是指视频被观看的次数，通过播放量可以判断视频的优质程度，也可以判断账号的权重、主播的人气。播放量越高，代表视频越受欢迎，账号越优质，主播人气越高。相应的，平台也会给予更多的推流，让更多人认识你、关注你，同时变现的可能性也会随之增大。

特别是播放量与账号权重的关系是相辅相成的，播放量越高账号权重越高，账号权重越高，播放量又会相应增多。

账号权重和播放量的关系，以抖音为例，如表5-1所列。

表5-1 抖音账号权重和播放量的关系

账号类型	账号权重	播放量/次	建议
热门号	特别高	10万以上	团队化和规范化运营
准热门号	很高	视频播放量持续在1万以上	稳定持续输出
待推荐账号	较高	视频播放量持续在1000~3000之间	在原视频风格的基础上优化升级，或通过技巧提升播放量
低权重号	较低	发布作品1周之内在100~200之间	及时更换视频内容，上传原创高质量视频
僵尸号	几乎为零	发布作品1周之内在100以下	放弃

由此可以得出，要想提升视频播放量，首当其冲就是提升账号权重，而提升账号权重的方法比较多，前面已经讲过，这里不再赘述。

另外，在发布短视频的时候，也要多运用一些技巧，比如，蹭热门事件或现象，利用话题标签和@功能。选择话题可以选择播放量比较高的话题，用@功能时要对标相关的人，对方粉丝也比较多，毕竟@表示提醒对方来看视频。如果对方粉丝数量比较多，转发了你的视频，那你的视频播放量也会增加。

5.2.2 完播率：判断视频内容与用户需求的匹配度

有时候单纯地看播放量是没意义的，有的视频播放量很高，但其他数据指标都低，如果其他数据不理想，播放量高也是一种虚高。这时就要结合另一项数据：完播率。

完播率是指视频的播放完成率（完整播放次数/播放次数×100%），是视频被完整观看与整个播放量的比值，集中反映着视频内容与用户需求的匹配度，播放时间越长，就越代表视频更能符合用户的需求。完播率是作品进入更高流量池的衡量数据指标，一个视频能否持续被平台推荐，不是点赞、不是评论、不是转发，而是粉丝是否完整将视频看完，完播率越高被系统推荐的概率越大。

一般来讲，100%的完播率是很难达到的，通常达到50%以上视频内容就足够有趣，剧情比较吸引人；10%以内的完播率说明视频质量差，尤其开头部分缺乏足够吸引力；25%的播放率说明视频开头足够吸睛，之后可以重点借鉴这部分。

无论视频多长，都可以通过关键秒分析，对比找到视频在第N秒的播放率高、流失率低，播放时间越长说明视频整体质量越高。

完播率不高的视频，具体可以从如图5-6所示的4个方面考虑改善。

需要注意的是，在有些短视频平台还有一项数据，叫3s/5s完播率，也就是视频的前3s/5s有多少粉丝看完。这也是一项重要数据，极大地影响视频是否被推荐。这也是为什么要讲黄金三秒

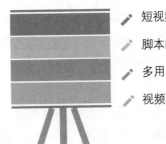

- 短视频开头要快速切入正题
- 脚本的结构要有起承转合
- 多用当下热度高的BGM
- 视频内容、画面要有质感

图5-6　完播率不高的视频改进的方向

或黄金五秒，视频要想办法做好开头，延长粉丝留存时间，就是要提高这项数据。

5.2.3　点赞量：判断视频内容的用户认可程度

点赞是诸多数据中人气最高的一项，也是绝大多数创作者最重视的一项。很多网红大都是从点赞起步红起来的，这是因为播放量是随着视频被观看人数、次数增加而增加的，是靠自然而然积累起来的一项数据指标，是一种客观的记录行为；而点赞是靠粉丝的主观行为，需要他们真正有一定意愿和判断才能完成。换句话说，就是有时候粉丝尽管看了你的视频，但如果不认可也不会点赞。这也是为什么有些视频播放量高，而点赞量低的原因。

由此可见，一个视频点赞量高，最直接的意思就是获得用户的认可了，获得认可是进行知识付费和种草带货等变现的重要前提。当然，这里并不是说点赞量高就可以直接变现，而是通过高点赞量先获得更多粉丝和流量，让后期变现更加容易。

点赞量高的好处大多是间接的，具体如图5-7所示。

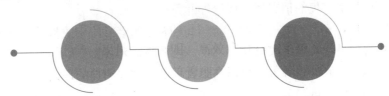

点赞量高说明影响力大，可以打造自己的IP品牌　　点赞量高可以接更多广告，享受广告收益　　点赞量高可以带来更多流量，提高带货转化率

图5-7　点赞量高的好处

5.2.4　评论量：判断视频内容与用户的互动程度

高质量的视频与用户都有良好的互动，有了互动才能引导用户继续看下去，持续看完，甚至充分观看。而判断一个短视频互动效果的，评论量就是最重要的数据之一。

然而，用户有时候很懒，尽管觉得视频不错，至多点点赞而已。想要获得评论必须给用户足够的评论动力。例如，用引导性问题引导用户评论，故意露出破绽、争议性问题或者槽点，让用户忍不住表达自己的观点，有的甚至采用各种福利进行激励。

提高短视频评论量的方法，可以总结为如图5-8所示的4种。

图5-8　提高短视频评论量的方法

（1）抽奖送福利

抽奖送福利是非常有效的一种方法，具体操作是针对评论区观点比较新颖，或点赞较多的用户发放福利，包括现金红包或非现金福利。

例如，陈翔六点半在父亲节发的一条视频，同时推出评论送福利活动：在评论区选取两名粉丝，每人发放500元的红包。

办公室小野在发布关于"办公室小野之不为人知的事"的视频时，发放了总计2万元的现金，最高者可以获得3000元，这条视频评论量也达到13.7万。

（2）直接引导

直接引导是指在视频标题、片尾和评论区等位置直接鼓励用户对视频进行评论。

比如，有的视频就直接在标题上写上了"胆小勿入，进来的写个评论证明你敢进来"和"期待下一集的请点赞、评论告诉我"。

比如，毒角show发布的一条叫"美国高档餐厅给老外吃中式泡面，试吃结果震惊！"的短视频，在视频结束时写上"哎，快来评论区夸我"。

可以看到，正确的引导方式可以在很大程度上激起用户的评论热情，可以有效地提高短视频的评论量。

（3）增强代入感

提高短视频评论量的还有一些更隐蔽的手法，即在内容中植入一些能增强用户代入感的话题，主要目的是要给视频划定一个明确的目标受众。在具体做法上可以从人群、地域和情怀3个方面入手。

人群划分，比如星座、属相、游戏、动漫、二次元。地域划分，比如极具地方人文特色的IP，尤其是美食类、旅游类。情怀是近两年非常火热的一个话题，在短视频领域运用非常多。

例如，李子柒经常在视频中介绍一些以前经常用的东西，或者比较传统的制作方法，带有浓厚的怀旧色彩，深受粉丝欢迎。她之前发布了一条与覆盆子有关的短视频，激起了很多粉丝的怀旧情绪。就是因为覆盆子分布范围广，是很多人小时候经常吃的野果。

（4）争议话题

争议话题是通过双方或者多方持不同观点的人激烈碰撞来达到想要的效果，这里主要分为文化差异和观点差异两个层面。

文化差异可以分为中外文化差异和城乡文化差异。中外文化差异主要以外国人研究协会为主，曾有人在发布过一条"外国人被中国方言虐到怀疑人生"的视频，微博评论量达到了1.7万，秒拍有1万，B站也有7千多，效果都不错。城乡文化差异主要以展现农村特色生活为主，比如，头条上有两条视频，"咱农村人吃饭不讲究，简单，好吃就行！""农村小伙教你一招，这样吃果子2岁多侄子都上瘾了！"，评论量分别为3千多和2千多，这在头条上已经挺不错了。

观点差异方面是短视频中常常采用的一种设置争议话题的方式。某街拍团队，主要通过街头采访的方式让人们回答问题。这种形式在粉丝观看的同时，比较容易激发想要发表观点的欲望，所以，评论量一般都不会太差。比如拜托啦学妹发布的一条视频，"为什么越来越多的女生都不想结婚了，听听女生们的回答"，这条视频在抖音上评论量达到了2.5万，秒拍上有1.5万，头条上有6千多。

5.2.5 分享量：判断视频内容的长期价值大小

分享量比较高的内容，一般来说都是热度比较高或者质量比较高的内容，用户或是出于跟风的目的，或者是出于分享的目的转发视频。这就要求在选题上要下功夫。

5.2.6 关联指标：任意两项数据比值的意义

关联指标，也叫互动指标，是指由两个数据相互作用的结果反馈，比较重要的有如表5-2所列的6项。

表5-2 **常用的6项关联指标**

指标类型	指标含义
播荐率	播放量/推荐量×100%
评论率	评论量/播放量×100%
点赞率	点赞量/播放量×100%
转发率	转发量/播放量×100%
收藏率	收藏量/播放量×100%
加粉率	涨粉人数/观看总人数×100%

（1）播荐率

"播荐率"高的视频，说明推荐后被打开的概率更高，一般可以表明这个视频的标题、配置的图片、相关的描述比较吸引人。

（2）评论率

评论率高的视频，说明这个视频让粉丝表达意愿强烈，内容的槽点被触发，引发粉丝的讨论。

（3）点赞率

反映了短视频在粉丝中的受欢迎程度，该指标过低，被视为视频质量较差，对此类视频平台推荐较少或不推荐。

（4）转发率

转发率高的视频，说明粉丝更愿意推荐给他的朋友或者通过视频表达个人的观点或态度，有较强的传播性。

（5）收藏率

收藏率高的视频，首先代表内容本身对于观看者有用，收藏后可能产生再次观看。如果收藏率高，但是转发率很低的视频，可能涉及用户的隐私考虑，传播性有一定的局限性。

（6）加粉率

加粉率这个指标没有一个平台能提供直接的数据，这个数据非常有帮助，因为之前粉丝加粉都是直接记录在IP本身上的，并不知道来源是哪个视频。而其实际的加粉过程是粉丝观看了视频，希望后续还能看到更多类似的视频，会对IP本身进行关注，成为IP的粉丝。

其中，涨粉人数=新增关注数－取消关注数。新增关注数指用户在该篇内容页面上产生的关注行为数据，不计入用户在其他页面（如头条号主页）产生的关注行为数据；同样，取消关注数指用户在该篇内容页面上产生的取消关注行为数据。

也就是说，粉丝在观看视频的时候，在视频同页点击了右上角的关注，就会被记录为该视频的加粉量。结合这个数据，回到之前说的加粉率，也就是加粉量与播放量的比例，该数据可以进行视频效果的评估。

比如，某个视频播放量在2万左右，通过这个视频带来100个粉丝，效果还是相当不错的，能够通过一个视频来关注账号，说明用户对视频内容本身的认可度高。同时，我们要重点关注一些播放量非常高，但是加粉率却非常低的视频，结合实际的评论内容以及其他比率来对视频进行分析。

5.3 数据分析：4大分析法，吃透短视频数据

5.3.1 曲线分析法

曲线分析是根据一组连续性的数据绘制出曲线，进行走势对比的一种分析方法。这种方法可直接从曲线中读出大量数据所蕴含的含义，让繁杂的数据变得简单清晰、浅显易懂，特别适合于大量样品的分析。

在对短视频的数据进行分析时，也可以采用这种方法。例如，分析自己发布的视频与平台内同时长同类型作品播放时长，示例如图5-9所示。

图5-9中显示出的信息为，所发布视频总长14秒，播放时长整体略低于同时长同类型作品，前2秒高于同类视频，从3秒开始下降，且降幅较大。综合分析可以得出，该视频内容整体上没有太大的问题，

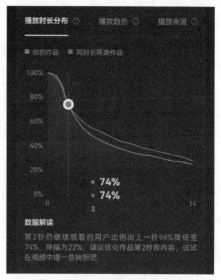

图5-9 视频与同时长同类型作品
播放时长比较示例

但前2秒内容由96%降至74%，降幅较大，说明在这个卡点上粉丝流失较多，需要进一步优化这部分内容。

按照曲线显示的位置，播放时长比一般可以分为3种情况：第一种是高于同时长同类型作品；第二种是低于同时长同类型作品；第三种是略高于或略低于，或者相互交替领先，平缓走低，处于相对持平的状态。

所发布视频与同时长同类型作品播放时长的类型及含义，如表5-3所列。

表5-3 所发布视频与同时长同类型作品播放时长的类型及含义

播放时长比	含义
远低于同时长同类型作品	说明所发布视频是低质量视频，需要重新设计视频选题、内容结构或表现形式等
远高于同时长同类型作品	说明所发布视频是高质量视频，而且很有可能上热门
基本持平，而且平缓走低	内容没有太大的问题，与大多数同类视频相仿，缺点是缺乏创新和突破点。可以进行有针对性的改进和优化

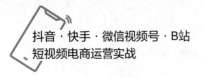

5.3.2　表格计分分析法

图表分析是利用统计图表形式显示复杂的数据情况，并从各方面比较、分析和研究量的变化及其规律性的一种分析方法。这种方法可以将错综复杂的数据，简明扼要地显示出来，可以使数据分析工作可视化、通俗化。

对于视频播放量、点赞率、评论率、转发量等数据的分析，可以采用这个形式，以计分的形式进行分析，计分标准如表5-4所列。

所以，图表分析又叫表格计分分析法，通常选择24小时或者48小时内的数据，做横向对比。

表5-4　表格计分分析法计分标准

数据	计分标准							
播放量	1万以下	2分	1万～5万	6分	5万～10万	8分	10万以上	10分
点赞率	3%		5%～8%		8%～10%		10%以上	
评论率	1%以下		1%～3%		3%～5%		5%以上	
转发量	10次以下		10～50次		50~100次		100次以上	
总计得分								

注：点赞、评论、转发数据都是与播放量数据的比值，比值越高代表质量越好。总分40分，低于25分为低质作品。

为了更进一步说明，接下来结合案例进行分析，案例一数据如表5-5所列，案例二数据如表5-6所列。

表5-5　案例一数据

数据	分值标准	得分	分析结果	改进意见
播放量	5.5万	8	点赞高，评论率低，说明粉丝认可内容，但是留言动力不足，缺少引导粉丝互动的话题引导和讨论的槽点	增加视频互动引导或槽点，激发粉丝留言、评论的欲望
点赞率	10%	8		
评论率	1.6%	6		
转发量	109	10		

表5-6　案例二数据

数据	分值标准	得分	分析结果	改进意见
播放量	1.8万	6	播放量低，点赞率、评论率高，说明粉丝认可内容，有设置话题和槽点，但观点定位不清晰，话题较偏	提高脚本水平，梳理清楚观点，引导正确的话题方向
点赞率	11%	10		
评论率	5%	8		
转发量	49	6		

5.3.3　舆情监测分析法

舆情监测是对短视频数据的记录、变化进行监视和预测的行为，这些数据多为视频中某种核心的、主要的数据，对视频有较大影响力。

比如，分析每条视频的评论数据舆情，可以帮助商家和品牌更好地把握粉丝需求，让内容与需求更契合。

再比如，通过分析粉丝重合度，了解与热门创作者的粉丝重合度有多高，以便与粉丝重合度较高的红人合拍，通过合拍的方式提高粉丝互动数据。对于商家和品牌来说，可以通过粉丝重合度分析，选择更契合自己的红人进行投放，也可以通过红人之间的横向数据对比进行分析选择。

每天在互联网上都会有大量舆论舆情信息滋生，除了短视频平台之外，还有如新闻媒体新华网、社交媒体微博等，而且表现形式多样，文本、音频、视频、图片等。那么，针对这些舆论舆情信息应该怎么监测或者监控呢？

常用的监控方式有如图5-10所示的3种。

搜索引擎　　　　项目搜索　　　　舆情监测平台

图5-10　舆论舆情常用的监控方式

（1）搜索引擎

搜索引擎作为网络舆情监测的传统方式，其运行过程相对简单。通常使用百度、360、搜狗及其他搜索引擎输入关键字，然后从首页进行预览，然后进行筛选统计，最后计算出结果以生成数据分析报告。

（2）项目搜索

项目搜索，主要指的是那些具有内置搜索功能的服务平台，例如在线平台，新浪微博、手机微信等，可通过输入特殊关键字进行搜索。搜索完成后，搜索内容将一一显示。此时，客户只需要按时间顺序进行逐一查看即可。

（3）舆情监测平台

舆情监测平台工具，可以自动收集全网数据，自动识别用户需要重点关注的信息，并提供预警通知让相关负责人第一时间知道；还可以全天候进行实时监控，输入关键词监控整个网络，并深入分析公司信息，可以将其转换为可视化的网络舆情分析报告，为舆论回应提供数据支持，为舆情解决提供方向指引。

通常情况下，这方面的工具可以找第三方舆情服务公司合作，因为不论是在技术上，还是在专业上，舆情服务公司研发的舆情监测平台工具都是最好的选择。

5.3.4 善用数据分析工具

做短视频电商有大量的数据获取需求，所以，有时候只靠站内的数据分析功能是不够的，需要选择一款第三方数据工具。在工具的选择上，好的工具至少要符合两个条件：

第一，数据精准、全面。只有精准全面地数据获取，才能进行准确无误的数据分析，做出的相关运营决策才足够有效。

第二，体验要好。无论抖音、快手，还是其他平台，每天产生大量的数据，量级超大，直播、短视频、达人、商品、店铺又足够庞杂，这些维度交织在一起，工具的使用体验也需要更好、更省时、更易用才行。

（1）飞瓜数据

飞瓜数据是一款专业的短视频数据分析工具，覆盖抖音、快手、B站等平台。该工具功能模块丰富，可以满足不同用户需求。以飞瓜数据的抖音版为例，提供热门视频、热门话题、热门音乐和热门评论。最快的更新时间为6小时，可以查看全网热门素材。针对单个爆款视频，还可以查看粉丝数据和热词数据，帮助运营者分析。如果是带货视频，还有商品分析作为参考。

飞瓜数据是一款功能齐全的短视频分析工具，但其缺点也很多。比如，目前仅支持抖音、快手和B站等平台；再如，由于数据分析维度较多，对使用者的能力有一定的要求。使用者个人的数据能力，对分析结果的影响较大。

（2）卡思数据

如果说，飞瓜数据是针对中小商家或个人的工具，那卡思数据则更多的是面向大品牌主或企业蓝V。卡思数据是目前国内领先的第三方全网视频数据平台，目前已经收录PGC节目2万＋，KOL红人20万＋，每天分析视频数据量10亿＋。覆盖25＋视频平台，提供PGC／KOL播放数据、互动数据、用户数据、用户内容偏好等多维数据分析。

卡思数据的优势如图5-11所示。

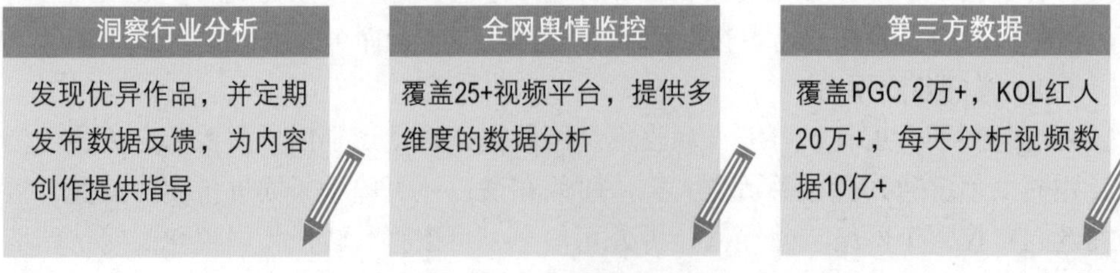

洞察行业分析	全网舆情监控	第三方数据
发现优异作品，并定期发布数据反馈，为内容创作提供指导	覆盖25+视频平台，提供多维度的数据分析	覆盖PGC 2万+，KOL红人20万+，每天分析视频数据10亿+

图5-11　卡思数据的优势

　　同时，卡思数据智能分析系统也能够帮助内容机构根据业务需求和营销目标，从数据表现（播放、互动数据）、客群匹配、舆情分析等方面，为广告主理性输出结案报告，提升广告主的合作满意度，展开更长效合作。

　　（3）火星云分发

　　火星云分发是火星自主研发的一键分发工具，支持视频一键上传到25个长视频平台、短视频平台、媒体号，并支持对所发布视频传播效果的快速追踪统计，一键下载各平台播放、互动数据，减少运营压力。通过这个工具分发的视频量超过3万。2022年一年间，火星云分发已经服务587万视频，视频播放量共计79.6亿。

　　（4）蝉妈妈数据

　　蝉妈妈是直播电商数字化决策平台，在这里可以快速找达人、找商品，提升直播和短视频带货效率，为直播电商从业者提供一站式营销服务平台。

　　第三方平台数据对运营十分重要，传统监测方式是靠站内数据分析功能，因而经常出现数据不全面、分析不精准的情况。而依靠第三方平台上的大数据监控则可以大大减少因主数据缺失而导致的决策失误，通过数据搜集、分析、建模，可以精准发现问题、定位问题、解决问题，对短视频运营工作起到辅助作用，为运营人员提供更多的依据。

第**6**章 抖音电商：
以社交为基础，
深挖全域兴趣电商

抖音的运营逻辑是通过兴趣社交打通用户关系链，划分圈层强化黏性，从而提升营销转换率。抖音在电商领域的攻势一直很猛，其基础就是朋友圈社交，不难看出，建立"圈子"是抖音用社交撬动商业增量的基础。

6.1 通过商品橱窗打造"个人主页"

6.1.1 商品橱窗开通条件

商品橱窗的开通十分简单，按照抖音官方平台的引导很快就可以完成。这里，最主要的是要达到开通的条件。开通条件如图6-1所示。

条件1：

1000粉丝以上

条件2：

发布视频达到10个

条件3：

实名认证

图6-1　**抖音商品橱窗开通条件**

商品橱窗开通后会在主页上显示，示例如图 6-2所示。

商品橱窗主要功能是添加商品、管理商品和售卖商品。需要注意的是，根据开通者的内容质量、内容影响力、粉丝影响力和商业影响力等而划分的级别不同，拥有橱窗的权限不同。级别有以下3个：

① 一级UP主：可在个人主页展示橱窗，点进后会展示已添加的商品。

② 二级UP主：拥有"视频权限"，可以在视频中添加商品，置顶主页中的视频。

图6-2　主页上的商品橱窗

③ 三级UP主：拥有"直播权限"，可以在直播间添加商品并进行售卖。

6.1.2　橱窗最受青睐的4种商品

很多UP主在开通橱窗后，经常会收到商家和品牌的主动邀请，这些商品大都不适合添加橱窗。若想做好橱窗带货，前提是精准选品。选品是橱窗变现的关键一步，要选与账号、直播或视频内容调性高度一致的。接下来就讲一些选品技巧，有助于筛选出适合在自己橱窗中大卖的商品。

（1）爆款商品

爆，即全网销量最好，大多数粉丝都喜欢的商品。了解一款商品是不是爆款，最直观的办法就是查看商品橱窗里的选品广场。具体操作如下：点击"商品橱窗"，进入"选品广场"，再点击"爆款榜"，然后去对标。

榜单如图6-3所示。

这个榜单分为实时榜、日榜、周榜和月榜，同时也可查看特定行业，如智能家居、食品饮料、美妆等。在行业类目找到自己的商品类型，分析哪些品类频率最高。

除此之外也可以参考其他榜单，如抖音好物榜、抖音小店UP主榜，或者借助数据分析工具，查看商品带货详细数据，这些都有助于商家和品牌站在消费者的角度客观看待商品。

图6-3　精选联盟爆款榜

（2）易出单商品

为什么有些商品在抖音上特别好卖，而有些很难出销量，就是因为任何商品都有各自的属性，有些商品不适合抖音平台。因此，在选品时要格外注意，选择出单率高的商品，这样的商品比较容易出销量。

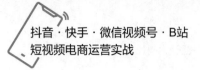
那么，哪些商品在抖音上易出单呢？一般来讲，需要看两点：低价和高频。

低价是指价格低，无论是短视频带货还是直播带货，都属于感官刺激下的冲动式消费，大部分消费者都是寻求下单的一时快乐。所以，价格低廉亲民的商品更加容易出单，价格高，消费者会反复对比、思考，从而影响出单率；高频是指使用频率高、需求大、更迭快，比如化妆品、日用品、水果等，复购性非常高，也容易爆单。

（3）可视化强的商品

即要考虑商品是否适合以直播或短视频的形式充分展示出来。橱窗里的商品最终还是通过直播或短视频去触达粉丝，因此，可视化场景素材越多，推广起来越容易。

比如，一款洗衣液，以视频的形式清晰明了地展示其去污能力、柔顺能力、护色能力。反之，如果是保健品，就很难用视频表现出使用过后的效果；还有图书这类商品，抖音上很难卖得起来，也是因为粉丝看不见效果，没有效果就很难有购买的欲望。综上所述，选品时一定要关注商品的使用效果，充分考虑使用场景是否可视化。

（4）同行卖得好的商品

抖音上有千千万万的商家和品牌，选任何商品都避免不了有竞品。对于竞品，除了刻意避开之外，还可以跟随，俗话说知己知彼，百战不殆。多关注并参考同行的选品，也是每位抖音电商的必修课。在选品时需要参考同领域的同行都在卖什么，定价多少，销量如何。

也可以去浏览UP主直播间，多关注UP主的直播动态，带货动态，看看都上了哪些新品，这些新品在UP主直播间卖得怎么样。

选品是卖货变现的第一步，所谓万事开头难，从细节去准备，把"地基"打牢，一步步地有规划进行，事情就成功了一半。

6.2 通过抖店打造人–货–场闭环链条

6.2.1 抖店人–货–场运营逻辑

抖音小店是抖音官方为商家和品牌提供的一个带货平台，但它又不是一个单一的卖货工具，而是抖音电商生态中一个集"人、货、场"于一体的、不可缺少的环节。服务于"人、货、场"消费场景，做好抖音电商闭环，货品管理和供应链管理是它的运营逻辑。

接下来，就具体介绍抖音小店的人-货-场运营逻辑，框架图如图6-4所示。

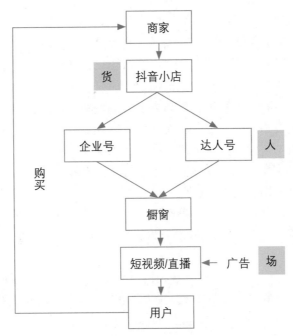

图6-4　抖音小店的人-货-场运营逻辑

（1）人

"人"这里指账号，包括企业号或达人号，是视频/直播的创作主体，是连接商品与用户的枢纽。抖音小店可以绑定企业号和旗下的达人号，绑定的账号可管理小店所有商品，并通过短视频/直播进行推广、销售。

企业号往往是官方号，有承载品牌建设，传导品牌理念，沉淀用户资产、店铺资产的作用。因此，往往不一定要拥有"人设"，粉丝量也不是最重要的考核目标。

人的因素除了企业号，往往还包括达人矩阵号。达人矩阵号是多个拥有鲜明人格魅力、清晰内容场景、成熟变现能力个体号的集合。当前环境下，多角色矩阵账号的建设势在必行。

例如，"小米官方旗舰店"是小米官方旗舰店的官方账号，雅雯等几位UP主是账号的主要角色；"雷军"是雷总的个人账号，同时也是小米矩阵内的一位角色；"请叫我小米之家"是小米品牌矩阵下的线下门店之一，主打店长这个角色。

（2）货

在抖音电商生态中，"货"从商家到用户，要经历"货→人→场"这样的路径。即商家和品牌需要先在小店中上架商品，建立物流、客服体系，完成"货"端的基础建设。上传商品到小店只是服务的开始，这个过程中选品才是关键。同时要做好物流和客服，进而提升未来搜索权重。

在选品时，可以从以下两个方面去做。

① 根据流量性质主观判断　抖音流量是偏娱乐性质的，它不像淘宝、拼多多，目的很明确，就是让用户来购物。大多数用户打开抖音，娱乐是第一需求，购物需求是其次，或者根本没有这方面的需求。所以，抖音不宜卖功能性特别强的商品，相反，具有新、特、奇特征，优惠力度大，赠品多，能引起冲动消费的商品，如吃、喝、玩、用等相关的，更受欢迎。

目前能够卖货的、能够带来大流量的平台，没有一个不是以年轻人为主，完全的实用性的商品其实是很难打动他们的。要想真正能够打动年轻人的心，核心的要素之一，就是满足他们对商品新、奇、特的要求。

比如，完美日记联合大英博物馆推出16色眼影盘，联合大都会博物馆推出小金钻口红，联合探险家推出12色动物眼影盘，如图6-5所示，这些趣味点深深地吸引年轻人。

② 利用"巨量算数"　巨量算数是巨量引擎旗下一个用以洞察和分析今日头条、抖音、西瓜视频等生态内容和数据内容趋势、风向的工具。打开巨量算数，搜索商品所属的行业核心词，比如美妆、美食、面膜等，可以看到如图6-6所示的方向盘，方向盘上有3个指标。

图6-5　完美日记打造商品的趣味性

图6-6　巨量算数方向盘上的3个指标

当传播分、搜索分大于内容分时，说明市场大于竞争，是可以做的，反之，不建议考虑。

（3）场

"场"即场景，在抖音电商中，短视频和直播是用户产生消费欲望、进行消费的两大主要场景。关于两大场景的具体应用，将在接下来的内容中详细讲解。除了两大场景外，还可以多种形式展示，如通过个人主页、商品橱窗、微头条等，既可以自己带货，也能申请加入精选联盟，邀请平台UP主帮助带货。

需要注意的是，在抖音生态中有一个特殊的"场景"，即认证企业号。认证的企业号拥有商业内容评级豁免权，也就是说账号可以长期、免费、不受限制地发布广告内容和种草内容。而且种草内容可以作为资产在企业或矩阵账号中沉淀，被粉丝反复观看，增加商品曝光度。

在对"场"的运用上，要重视广告的作用，广告的本质是为优秀内容采买流量，内容的优质与否，决定着是否能从"场"里获得更多的推荐。

6.2.2 抖音最有效的卖货方式：直播

抖音直播带货，是指在直播时添加商品橱窗或小店中的商品。开通抖音小店后，货如何卖出去？最有效的途径就是直播，自己开通直播，或者邀请其他主播。

（1）自己开通直播

2019年下半年抖音更新主播带货的开通条件，大大降低了直播带货的准入门槛。直播的开通条件有两个。

① 已经开通商品橱窗　按规定，只有开通商品橱窗，才能开通直播购物车功能，进行直播带货。

② 粉丝数≥200人　粉丝数≥200之后，就可以在直播间添加商品链接，引导粉丝边看边买货。开播时需要选择开播模式，直播模式有视频、语音、手游和电脑4种形式，如图6-7所示。视频是手机直播入口，语音是录播入口，电脑是PC端直播，手游在带货上很少使用。

（2）直播准备工作

直播带货时需要做的准备工作有很多，如确定直播主题，选择背景音乐、直播道具以及撰写脚本等。只有先做好策划，梳理清楚整个内容和流程，才能对直播进行有效管控，做到心中有数。

① 确定直播主题　直播主题是需要提前确定的重点内容，直播的主题关乎直播整个流程细节的设计，因为只有先确定了直播主题，我们才能围绕主题去对每一个环节进行安排。

直播主题有很多，比如节日主题、官方主题、店铺主题、大促主题。具体要结合所卖商品和粉丝需求，尤其是粉丝需求这点，不管确定什么主题，用什么内容米填充主题内容，核心都是要与消费者相关。

图6-7　**直播中的语音——电台直播模式**

② 搭建直播间　除了直播主题之外，还要搭建直播间，准备直播设备，选品排品，准备直播话术，设计直播促销活动等。

（3）与达人合作

随着抖音小店商家越来越多，大部分都是找达人进行带货的。与达人合作带货，优势很大，因为抖音不允许直播间上线第三方链接，所以直播间所有商品都来自抖音小店。

抖音小店最好开通精选联盟，把商品添加到精选联盟，同时，给商品设置合适的佣金。精选联盟的带货达人看到后就有机会合作。

同时，也可以主动寻找达人。在精选联盟的达人广场，或蝉妈妈，可以看到一些达人的带货数据，如直播带货时长、场均销售额等，筛选出适合自己的带货达人。

无论是被达人联系，还是主动联系达人，都会涉及的一点就是佣金的设置，达人拿的是佣金，只要佣金有吸引力就能吸引到他们。

6.2.3　利用短视频为抖店商品预热

短视频带货是在发布视频时，添加将要带货的商品，添加后的商品会显示在视频下方。这是抖音小店将商品卖出去的第二个重要途径，短视频可以自己创作，也可以邀请其他UP主创作。

很多大商家、大品牌都首选自己创作，在官方账号或矩阵账号中发布。这种方式优势是视频内容能做到高度垂直，紧紧围绕商品属性和特色去展示，给消费者的体验性、场景化都非常强。

带货短视频大致可以分为两种：一种是种草视频，一种是产品宣传视频。种草视频，是指通过分享一些自身体验不错的产品或者服务，推荐给其他人，通过镜头表达更容易激发他人的购买欲望。最大的特点是除了介绍商品之外，还能带来其他辅助的价值，例如快乐、知识等。

产品宣传视频，又叫没有人设的视频，只是宣传产品的作用、效果、产地等。

种草视频又分为4种，具体如表6-1所列。

表6-1　种草视频的类型

类型	解释
专业测试类	帮用户体验测试某产品，比如鉴定珠宝的好坏，不同洗洁精的优缺点等
产品解析类	详尽分析某产品，比如卖书的账号，真人出镜介绍书中大概的内容
技能攻略类	教会用户某一项本领，例如，如何做菜，如何唱歌，如何理财等
制作过程类	介绍整个产品的制作过程，比如，某个耳机从生产、出厂再到销售的步骤

产品宣传视频分为5种，具体如表6-2所列。

表6-2　产品宣传视频类型

类型	解释
现场拍摄类	即直接从生产产品的地方拍摄，比如，种石榴的可以直接在种植场拍摄。这是当前抖音最流行的一种种草视频，另外还包括产品的原产地、加工车间等，用意很明确，就是卖出货的最原始生态，满足用户的安全心理
效果展示	直接展示产品的效果，比如，卖衣服的，就拍穿衣的效果
应用场景＋功能展示	产品＋使用场景，然后进行功能介绍。比如，对于水龙头过滤器这种产品，可以直接套在水龙头上展示使用效果
价格类	先试用，后介绍，最后以价格优势吸引用户购买，适合有价格优势或优惠力度大的商品
热门文案类	爆款文案结合商品进行拍摄，比如，卖衣服的可把衣服融入一个特殊的场景，同时，配上具有引导性的文案

确定类型之后，就是具体的拍摄，而拍摄是十分讲究技巧的。简单粗暴地将产品挂小黄车一般是没有转化率的，以下是拍摄一个高质量带货短视频的要点，如图6-8所示。

| 1 | 2 | 3 | 4 |

视频内容要与产品相符　　直接展示产品特点或优势　　拍摄要有"场景感"　　真人出镜视频必不可少

图6-8　拍摄高质量带货短视频的要点

（1）视频内容要与产品相符

发布带货短视频，与非带货短视频是不同的，带货短视频基础是产品。在发布前就要明白，吸引到的粉丝都是对产品感兴趣的人，这些人与自己有着相同或者相似的属性或标签。因此，视频内容与卖的产品要相一致，以引起粉丝共鸣。

（2）直接展示产品特点或优势

视频内容要紧凑，在最短的时间内将产品特点、优点展示出来。这里有一个技巧，即设计一个卖点或噱头。如果没有特别的卖点，就要有让人心动的价格，并且能让粉丝直观地，看一眼就能记住的噱头。比如，独特的装扮，容易记住的口号，带有魔性的话术等。

不过，在展示商品时需要注意以下4个要点，如图6-9所示。

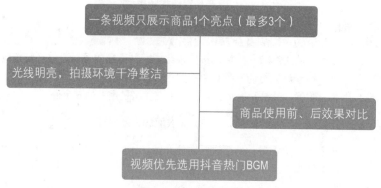

图6-9　展示商品时需要注意的4个要点

（3）拍摄要有"场景感"

要拍好一个短视频，构建出场景很重要，必要时需要有多个场景转换。例如，推广的产品是美妆产品，那么拍摄场景可以选择在经常护肤的场景，比如卧室、化妆间，时间要选择在早上或者晚上，主角的着装尽量以亮色的家居服为主，妆容要自然。

现在抖音上非常流行的一种场景是线下店铺，直接以线下店铺为背景，现场选品，适用于有店铺资源的企业、个人创业者。一方面，取材方便，可以直接展示身边的货品；另一方面，线下店铺作为你的背景，说明你有一定备货、供货能力。

而不少人在营造场景上是非常失败的，塑造场景不是简单地对环境做出描述，而是考虑清楚该场景"是谁的场景"，为什么人和事服务。所有的场景都必须设置一个冲突并解决它，必须有一个内在的角色高潮和一个整体的故事高潮，反映一个特定人物的故事和时间观。这样场景才更具有冲击力。

（4）真人出镜视频必不可少

短视频带货还是建议真人出镜，亲自给粉丝展示，会让其感觉更真实，购买欲更强烈。比如，你带的是美食类产品，自己可以试吃，把自己试吃时品尝到的味道描述出来，去感染粉丝；也可以加入其他场景，考虑什么样的场景和这个美食搭配会显得更加美味，更能让粉丝看了就想要吃。

最后，如果选择与UP主合作，可以提一些要求，比如，可以对视频进行些许改动，但不破坏自己视频原有的风格，不要在短视频中太生硬地去介绍商品、宣传商品优惠信息等。这样可以最大限度地保证合作达人的视频与自己的风格相符。

6.3 利用抖音广告构建完美品宣体系

在抖音中，广告是一种非常重要的变现方式，很多商家和品牌方是利用广告扩大了品牌知名度，大大提升了商品销量。如今无论知名品牌，还是一些中小品牌，在抖音上都能看到他们广告的影子，这样的例子比比皆是。

抖音与广告结合有很多优势，较之传统广告无疑是升级版，在观看、社交、互动上体验更强，更有感染力。抖音广告的优势如图6-10所示。

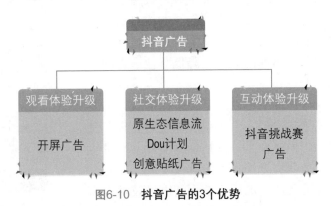

图6-10　抖音广告的3个优势

商家和品牌方要想通过在抖音上投放广告来实现变现，需要将两者巧妙结合在一起，让用户在体验抖音时潜移默化地接受广告。

6.3.1 开屏广告

开屏广告是一种强曝光的形式，在流量和日活高的APP运用较多，是指在打开时第一时间出现的全屏广告，视觉效果更强。经常玩抖音的人肯定有过此体验，刚打开抖音时常常会跳出此类广告，示例如图6-11所示。

开屏广告有3种形式，分别为静态的、动态的和视频广告。按规定，3种形式向外展示的时间不同，相应的分别为3秒、4秒和5秒，这也是开屏广告的劣势，由于展示的时间较短，广告需要直亮主题，最快展示自己的特色优势。

这类广告优势是不受曝光度的影响，而是与投放时间长短有关。比如，投放3个月曝光度1000万次、6个月1800万次，广告主需要支付的费用是按照

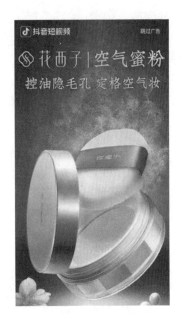

图6-11　抖音开屏广告

投放3个月还是6个月计算的，而与1000万次、1800万次无关。

6.3.2　信息流广告

信息流广告是指出现在浏览动态中的一种广告，穿插在内容当中。这种广告优势是个性化投放，定向更精准。广告主可以按照自己的需求，投放给可能有该需求的目标用户。

比如，化妆品商家在投放前，可以通过平台的大数据分析，找到经常浏览化妆品类视频，或经常购买化妆品的用户，将广告精准投向他们。这样对商家而言，可以精准地捕捉到目标用户意图，而对目标用户而言，有利于加深对品牌的印象，降低其他广告的干扰，示例如图6-12所示。

图6-12　**抖音信息流广告示例**

信息流广告在抖音中可以说是最多的形式，主要原因有3个：一是按点击收费，收费相对比较合理；二是体验好，有些广告更像是一部情景剧短片，能带给用户较好体验，从而提升用户的心理接受度；三是可以充分利用抖音后台庞大的用户数据和算法技术作为支撑，能够利用用户标签精准定位商品用户，并于无形之中为抖音用户投放广告。

6.3.3　创意贴纸广告

贴纸广告是抖音广告中用户互动性最强的一种。这种广告形式是由商家发起贴纸任务，用户可自主贴在自己的视频中。

必胜客曾举办过一次贴纸游戏大战的活动，互动截图如图6-13所示，吸引了很多粉丝的参与，拍摄许愿游戏贴纸视频就能有机会赢得现金奖励。大大激发了用户参与的主动性，用户体验好，分享传播率高。

图6-13　**必胜客贴纸游戏大战
活动截图**

贴纸可以让视频更富有趣味性，促使用户主动传播，为品牌进行二次宣传。

6.3.4　投放Dou＋

Dou＋是面向创作者的二次推广工具，创作者便是需求方。创作者选定已有视频后，可以选择期望提升目标、投放时长、定向方式和投放金额，平台会给出后续增粉点击率、互动率等效果评估数据。

Dou＋本质上也是一种广告，是抖音官方推出的一个视频加热工具，即花钱把视频推荐给更多的人，增加播放量。简单来说就是花钱买流量，有流量的地方就有销量，对于商家而言Dou＋无疑也是一种广告投放途径。

那么，如何来正确利用Dou＋呢？

（1）正确认识Dou＋

Dou＋是一个启动量工具，而不是一个推广引流的工具。这是Dou＋作为广告与上述几种方式最大的不同之处。严格意义上讲它不是广告，只是帮助商家和品牌获取流量和粉丝。所以，一定要对Dou＋有个正确的认识，很多人有误解，认为投放出去就能获得收益，于是，便使劲地投放。结果，当钱花出去发现没有带来任何收益，只单单获得了几千播放量，就认为是骗人的。

（2）适合权重较高的账号

Dou＋投放是有条件的，不适合刚起步的新号，也不适合那些0赞0评论的视频。它与账号权重有关，即该账号粉丝至少1000人，单个视频2小时内能冲上500播放量，或者互动率比较高。

因为只有高播放量、高互动性的视频，才说明有很多人关注，观看者有可能成为粉丝。

（3）自定义投放

自定义投放是Dou＋最大优势，即可以根据广告主的自身需求自定义定向投放，结合投放金额直接选择目标受众的人群、地区以及年龄段。这也叫定向版Dou＋，当视频有明确的推广群体、投放时间，就可以选择。

另外，如果采用企业版的Dou＋，还可以批量投放，一次性选择2~5个视频进行投放。而且企业版相比普通版Dou＋，新增了粉丝可见、预约投放、代投留言。

（4）升级Dou＋账户

Dou＋账户还有一个升级版，该版适用于视频挂有第三方平台购物链接小黄车时，视频被审核判定为带有营销属性时，Dou＋投放目标为线索量、店铺商品引流时。以上3种情况需要升级Dou＋账户，同时需提交相对应的资质或资料。

6.4 利用巨量引擎将广告分发出去

巨量引擎是字节跳动旗下的一个用于广告投放的营销服务平台。该平台最早服务于今日头条，当头条版图扩大后，抖音、西瓜视频、懂车帝、图虫等都被囊括其中。

得益于今日头条、抖音庞大的用户群体，巨量引擎积累了丰富的定向体系，将用户分为9大定向维度和1000＋的人群种类，可以帮助广告主准确识别目标人群，有利于广告主更精准地投放。

巨量引擎是一个面向广告主的交易平台，通过平台广告主可以购买广告，直接完成开屏、信息流和挑战赛等多种广告交易。广告主的广告平台会通过官方账号发布，并对信息流中的视频加以"广告"标记。

自身有广告创意的，当然可以用于直接投放，如果没有呢？头条在巨量引擎下也给出了解决方案，可以通过以下几个工具来做。

6.4.1 巨量星图：创作者服务平台

巨量星图是一个基于创作者营销生态的一站式服务平台，通过触达头条、抖音、西瓜多端海量的创作UP主，为品牌提供高价值的内容服务。它就像一座桥梁，将广告主和UP主/MCN/优质服务商连接在一起，一面为广告主提供UP主资源，一面为UP主/MCN/优质服务商创造收益。

图6-14所示为巨量星图的运作逻辑。

图6-14　**巨量星图的运作逻辑示意图**

广告主可以根据官方给出的UP主相关巨量星图指数、粉丝数和预期播放量下单，有特定要求的，还可以依据内容类型、报价、粉丝数、eCPM和付费方式对UP主进行筛选，选定后就可以进入结算页面（按照实际转化效果付费或与UP主固定报价）。

UP主/MCN/优质服务商在平台注册后，就可以接单；然后，根据自己的创意和素材拍摄短视频带货，或搭配购物车、落地页等直接卖货。

6.4.2　即合平台：广告主服务平台

即合平台是一个连接广告主和UP主/MCN/优质服务商的平台，不过，交易对象与巨量星图不一样。巨量星图交易的是"创作者服务"，即合平台交易的是"视频素材"，平台提供价格不一，点击率、转化率、转化成本不一的视频素材套餐。从这个角度看，广告主从即合平台上购买的其实就是半成品广告。

即合平台上3种套餐详情具体如表6-3所列。

表6-3　即合平台上3种套餐详情

套餐	价格	特点	点击率	转化率	转化成本
套餐1	最低	主打短平快，真人出镜，有商品功能讲解	117%	68%	−21%
套餐2	中等	商品解说风格／手绘风格／多机位精拍／情景演绎等	146%	54%	−47%
套餐3	最高	沙画／动画／真人短片／微电影等	212%	97%	−35%

6.4.3　巨量鲁班：抖店交易平台

巨量鲁班类似于淘宝的直通车，淘宝商家投放广告用的是直通车，抖音电商投放广告用的则是巨量鲁班。巨量鲁班是巨量引擎下一个专门针对抖店交易的业务平台，以广告方式销售商品，精准匹配，创意打动，打造一个全新的卖货场景，帮助商家在抖店完成商品交易行为。

巨量鲁班主要有4项功能。

（1）店铺管理

店铺主页装修、店铺公告发布，可以通过店铺福利、活动等形式，实现粉丝互动，提升用户黏性。

（2）落地页制作

完成单品页创建，商品可展示于店铺内，也可以作为广告推广链接，完成广告投放。

（3）订单管理

在后台可以随时查看订单及商品信息，系统自动更新订单状态，并向用户发送订单状态短信，提高商品签收率。

（4）数据信息

通过生意参谋数据工具查看店铺DSR指标（商品描述、服务和发货速度）变化、用户评价、商品转化数据等数据信息，了解运营状态，优化运营策略。

巨量鲁班的特征是采用信息流推广与货到付款的交易模式，以单品售卖为核心形式，注重单次转化的ROI（投资回报率）。换句话说，就是针对抖店里的单品，以图文或者视频展示。其运作的基本路径是，消费者点击图文或视频，直接进入商家小店，在页面上下单；而后商家发货、跟进物流，最终确认收货、收款，这样一个完整的闭环都可以在巨量鲁班里完成。

6.5 利用抖音小程序完成抖商最后一公里

6.5.1 抖音小程序的优势

开放生态平台已悄然成为互联网企业最核心的战略之一。抖音公布开放平台及业务载体——抖音小程序，进一步向外界展示了开放的决心。以小程序为载体，无疑是抖音这次"开放"的战略意图。

提起抖音小程序，很多人会想起更熟悉的名字——微信小程序。抖音小程序是可以直接在抖音上开发的小程序，即在抖音平台上运行"APP""网站""商城"。从运营成本上看，相比抖音店铺，抖音小程序有绝对的性价比优势，非常适合在抖音体系里引流拓客。

很多人在刷抖音时，经常看到视频的左下角会有个小程序，如××游戏、姻缘测试等。与短视频带货的原理一样，抖音的小程序变现，也是通过短视频，将用户引导点击进入小程序。挂购物车，在视频下方有个黄色的标识，而挂小程序，视频下方会有个蓝色的标识。

对于商家和品牌来说，开发抖音小程序有诸多好处，可以用来进行企业宣传，可以搭建自己的小程序商城，门店商家还可以在上面进行O2O智慧服务等，很多功能都可以通过小程序实现。

具体优势体现在如图6-15所示的5个方面。

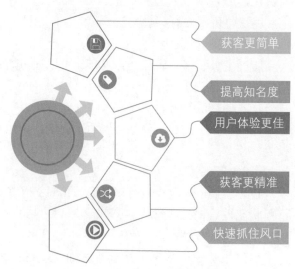

图6-15　抖音小程序的优势

（1）获客更简单

微信小程序之所以能够受到商家和品牌的青睐，除了使用便捷、操作简单以外，其巨大的用户群才是主要原因。相比微信来说，抖音同样拥有庞大的用户群体，短视频平台的爆火，抖音有着功不可没的功劳，对于商家和品牌来说，每一个用户都极有可能成为他们的忠实客户。

（2）提高知名度

对于商家和品牌来说，如何推广一直都是个头疼的问题，推广费用的日益提高，推广效果的日渐低迷，使很多企业都不得不花费更多时间与精力在商品推广上，而抖音小程序是一款拥有上亿用户的软件，作为一款娱乐兼分享型软件，自然能够在无形之中为商家和品牌企业提供提高其知名度的作用。

（3）用户体验更佳

相对于网页来说，使用抖音小程序更加便捷，只需进入抖音搜索相应的小程序即可进入，无需下载注册。在抖音没有小程序之前，浏览到感兴趣的内容时还需要退出软件，再打开新的软件，这样的操作非常麻烦。有了小程序之后，便可直接进入搜索框进行搜索，大大提高了用户体验。

（4）获客更精准

对于商家和品牌来说，在追求用户数量的同时，更希望质量能够有所提升。抖音小程序拥有不亚于微信小程序的用户量，其覆盖范围也是非常广阔的，而开发一款小程序自然能够快速吸引潜在的用户。

（5）快速抓住风口

任何一个风口都有可能改变企业发展的方向。作为一个新上线的风口，越早进入就能够越早地抢占市场。抖音小程序就好比一块蛋糕，越早进去的人自然能够分得越多，而那些抓住时代尾巴的人永远都是观望的人。

抖音小程序未来的潜力极大，商家和品牌要提前布局，抢占流量。

6.5.2 抖音小程序9大入口

做一个开放性的平台，已经成为当前互联网平台的主旋律，业内这种合作非常多，比如，腾讯和京东的合作，与美团在微信生态内携手并进。好处是深度竞争之后合作关系更牢固，同时实现合作领域交易额的快速增长。抖音上线小程序，目的也是引入外部合作伙伴，寻求进一步开放。

以生活服务领域为例，引入饿了么成为合作伙伴；联合民宿推出"民宿季"活动，邀请旅游UP主前往拍摄短视频，通过信息流推荐给用户；发力本地生活，先后上线门票预订、酒店预订、餐饮团购等功能，完成旅游酒店、餐饮外卖等涵盖本地生活服务的业务布局。

这都是抖音平台寻求自身突破，做一个开放性平台的体现，既然抖音旨在做一个开放性的平台，那势必会开放多层面入口，降低门槛，方便商家和品牌方快速进入。

纵观目前抖音小程序的入口，共有9个，具体如表6-4所列。

表6-4　抖音小程序的9大入口

入口	进入方法
入口一	直接在抖音上搜索小程序的名称
入口二	抖音—我的—小程序固定入口（目前仅开放安卓系统）
入口三	扫一扫小程序的抖音码，此场景适合线下商家做海报宣传
入口四	抖音短视频左下角（小黄车的位置），打开抖音小程序
入口五	抖音蓝V认证后，如果开发了小程序，就可以在主页进行挂载
入口六	抖音短视频评论区置顶小程序，让用户一眼就看到
入口七	把开发好的小程序直接分享出去
入口八	字节跳动（抖音母公司）生态平台的自定义菜单跳转
入口九	发布头条图文可在文章里嵌入小程序进行宣传

6.5.3　抖音小程序变现逻辑

抖音小程序的变现逻辑是以高播放量、高点击量进行广告推广，商家赚取广告费，UP主和达人赚取流量或点击佣金。

具体路径是，商家将小程序上线抖音平台，UP主和达人将相关作品进行挂载，将小程序推广给更多的人，看到的人越多，小程序被点击概率越大，而小程序中植有广告被观看的次数也会相应增多。

为了更好地理解，接下来先看一个例子，抖音小程序最多的是趣味测试类小程序和游戏类小程序。

例如，点击视频中的"救救这个火柴人"游戏，如图6-16所示，进去之后立即会出现一个开屏广告，如图6-17所示。

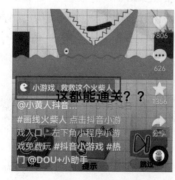

图6-16　点击"救救这个火柴人"

图6-17　开屏广告

在玩的过程中，还可以看到一个信息流广告，如图6-18所示。过关过程中，当体力消耗完，需要获取体力时又需要看一段广告，如图6-19所示。

图6-18　信息流广告　　　　　　图6-19　获取体力广告

到这一步大概就能理解，这类小程序实际上就是赚取广告费。原理非常简单：当商家来抖音平台投放广告时，抖音平台需要帮商家把广告消耗完，那么这类小程序能吸引用户参与和点击，自然就能把广告植入进去。

而UP主和达人又会大量地去做这类账号来挂载小程序，每个达人就是一个推广者。当用户通过视频去点击小程序并且观看了里面的广告，那抖音就把投放的广告费分一部分给达人。

变现的逻辑就是这样，简单来说是按照播放量来结算佣金的，大概是每次点击1~5角之间，测试了下，确实也能成功变现，这个项目其实在2019年开始就有人做了，由于平台也支持这块业务，所以目前还有人在做这类账号。

第7章

快手电商：
从内容场到货架场，
已实现信任连接

商业社会"信任"是双方交易的基本前提，也是互联网时代电商业务获得市场认可的基本条件。快手将这一要素作为平台定位，于2021年7月首次提出"大搞信任电商"的战略，希望构建"极致信任"的交易保障体系，营造有温度、值得信赖的在线社区电商生态。

7.1 内容变现：当冷冰冰的商品穿上内容的外衣

7.1.1 付费内容：吸引粉丝为内容付费

付费内容是快手上一种知识、技能类的变现方式。而且门槛低，制作成本低。开通付费内容的条件为：所属账号实名认证、手机号绑定，粉丝800以上，公开且合规作品数10个以上，如图7-1所示。

开通付费内容后，UP主可将自己掌握的知识、技能录成付费课件、视频直接上传，经平台审核合格后，即可售卖变现。

售卖方式有三种，一种是个人主页售卖，一种是发视频售卖，一种是直播间售卖，实例如图7-2～图7-4所示。三种方式各有优势，添加在个人主页上，简单省力，可随时展示；利用短视频传播范围广，同时还可以吸引涨粉；利用直播间，便捷高效，互动性好。

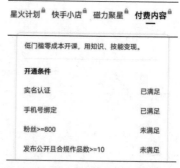

图7-1　**快手付费内容开通条件**

图7-2　**个人主页售卖**　　图7-3　**发视频售卖**　　图7-4　**直播间售卖**

　　付费内容主要针对年轻群体，有较强的支付意愿，如分布在一、二线城市的年轻白领，迫于职场压力，付费学习意愿极高。还有一部分是为了增强自身某项技能、兴趣、爱好进行业余性学习的人，比如健身、烘焙、手工等。

　　因此，付费内容更适合知识教育、技能培训类企业或品牌。而且录制形式灵活、富有创意，迎合年轻人娱乐中寻求学习的需求。需要注意的是，不要将课程录制出来直接卖，这种形式在快手上很难受欢迎，如果课程不是知名度高、干货十足，最好不要采用这种形式。

　　那么，如何做付费内容呢？通常有如图7-5所示的4种形式。

从公域引流到私域，社群授课

建立社群，自己当群主，设置服务人员，在群里为粉丝提出的问题进行解答，引导交易

线上和线下课程相结合

线上做引流，线下做主培，或线下做课程，线上做补充

给实体项目做增量

比如为商家赋能，做客户增量，从而让更多学员学习并且加盟，不仅可以收到培训费，还能持续收取商品利润

开通私人定制课

即从一对多转成一对一，优势是针对性更强，劣势是价格较高，只适合小规模展开

图7-5　**做付费内容的4种形式**

需要注意的是，随着平台上付费内容越来越多，违规行为也越来越多，如虚假宣传、售后态度差等。

网友小瑾刷快手时，看到一个短视频培训直播间，觉得老师讲得挺好，就付费买了课程。没想到却是噩梦的开始，付费后得到了一堆过时的学习资料，购买前承诺的手把手教学没有了，一对一诊断账号也没有了，甚至问问题都爱答不理。

类似这种情况，平台将给予下架课程、禁发内容甚至封号处罚，示例如图7-6、图7-7所示。

所以，对想通过付费内容来变现的商家和品牌而言，最关键的是提升内容质量，把好质量关，只有这样才能取得用户信任。

图7-6　快手对违规　图7-7　快手对违规
付费区内的处罚1　付费区内的处罚2

7.1.2　星火计划：以内容带动商品销售

星火计划是快手向UP主开放的一个承接商家和品牌广告，商单撮合服务的平台，特别适合能提供持续优质作品，有商业变现需求的UP主，官方的定位是帮助创作者提升变现能力，提高收入。从另一个角度讲，对商家或品牌方也是十分有利的，想要转型做快手短视频电商，不能忽视星火计划，积极入驻，享受平台上优质的UP主资源。

对于商家和品牌而言，首先要明确加入星火计划的UP主能享受哪些权益。他们享受的权益正是商家要积极提供的，换句话就是，在设置给予对方即将获得的权益时要有针对性。UP主获得如图7-8所示的5项权益。

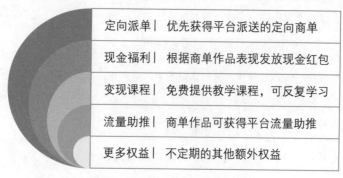

图7-8　加入星火计划获得的权益

优先获得平台的定向商单是星火成员的核心权益，其他权益所得也是建立在这条基础上的。试想，商单作品不够优质，获得平台现金、流量的机会就会少。星火成员在承接到平台推荐的广告主任务后，可按兴趣参加，完成任务之后即可获取相应报酬。

其次，明确广告主任务的类型。广告主任务包括星任务（原磁力聚星招募任务）和星视频/直播（原磁力聚星指派任务）。星任务是指任务列表中展示的所有广告主发布的任务信息，收益报酬将按商单作品的播放情况进行浮动，最后可获得的收益与广告主任务的具体规定有关。

星视频/直播是指任务列表中展示的广告主定向指派的专属任务，收益报酬为UP主在磁力聚星平台提交的报价金额。

点击任务列表可进入任务详情页，查看任务结算方式、分成比例、任务时间及拍摄要求，示例如7-9所示，确认无误后方可通过上传视频或开通直播参与。

星视频/直播是由广告主挑选UP主根据商品特性、用户群体、预算等进行下单操作，挑选出最符合自身定位的UP主。因此，对于UP主而言，即使入驻了星火计划，也不意味着一定有星视频/直播任务，这就需要在设置报价时更合理，或尝试多种风格创作，从而吸引广告主摘选。

7.1.3 团购带货：线下商品线上内容化

团购带货是快手推出的针对餐饮、酒店、咖啡馆、服饰店、娱乐场所等线下商家，进行推销和带货的一种活动，如图7-10所示。

图7-9 星任务列表示例

图7-10 团购带货示例

与星火计划一样，团购带货虽然是针对UP主而言，但对于商家而言，也不失为一种非常好的宣传和推广机会。UP主加入团购带货后就可以到线下体验商品与服务，然后发布相关短视频到快手，届时该商家的商品、优惠信息就会被全网用户知悉，并通过视频或直播的方式被消费。这个过程就是一个变现的过程。

团购带货UP主带货，一般有以下3种形式。

（1）线下探店

线下探店，发布现场视频是团购带货的最主流方式。团购的本质是推广商户们的优惠信息，然后引导消费者去购买，这个过程通常需要线下体验，并实时与粉丝分享感受。实际上团购功能，也与淘宝客、美团、饿了么等平台性质类似。

（2）图文视频

线下探店对UP主的出镜要求较高，不仅要会拍摄，还要有出众的口才，所以多是团队运作。不具备该条件的，可以尝试做图文视频，图文视频制作简单，只要能搜集到足够的素材，或现场体验拍摄，或直接向商家和品牌索要，线上、线下或两者结合都可以。

但要注意的是对图文类视频的推荐，现在平台扶持得比较少，所以如果无法确保做到十分精良，不要轻易尝试。

（3）视频混剪

不便于做线下实时分享的UP主，可以选择视频混剪，通过在网上寻找其他人发布的团购带货UP主的视频，分别混合剪辑一部分，合成自己的视频发布。混剪这种方式虽然简便，但需要注意的一件事就是不属于原创，可能被平台原创审核机制判定搬运，严重的视频会被下架，甚至遭到封号。

鉴于此，在混剪时需要多掌握技巧，比如，在素材顺序、镜头重组、背景音乐、视频速度和框架等方面多下足功夫。

7.2　快手小店：实现商家与用户的强链接

7.2.1　快手小店的开通流程

小店是快手针对用户和商家而推出的一个集线上售卖、管理、推广、消费于一体的综合电子型商务平台。分为用户版和商家版，用户版是针对UP主而言的，商家版是针对供货商和品牌方而言的，如图7-11所示。

用户可通快手APP、快手网站或UP主在直播、短视频或用户数据页面提供的链接访问小店，进行商品购买和带货。商家版是针对商家店铺管理平台，商家通过小店可以申请开店，在短视频、直播等多元化场景内，展示、推荐商品及引导粉丝购买，同时也可以查看每天的交易数据，进行优化管理。

那么，如何开通快手小店呢？基本流程如下：

① 打开快手APP，找到"设置"，进入"快手小店"页面，点击"我要开店"。

② 完成身份认证，点击"同意授权"，选择开通类型，个人或企业（开通企业的需要提交企业信息、营业执照及经营者身份证）。

图7-11　**快手小店两种版本的不同**

③ 开通成功后需要进一步设置类目。步骤为快手小店→类目设置→主营类目设置（根据自己的商品属性确定3个类目，每个季度可以修改一次）。

④ 上传商品。上传商品路径如下：进入快手小店→商品管理→添加商品（按提示添加内容视频商品图）→选择商品类别→填写商品名字→选择关联视频→上传主图→填写规格→选择运费及退费规则→提交审核。

7.2.2　搞懂小店通，经营不再难

成功入驻小店后，接下来就是对小店进行运营与管理。在这个过程中可以借助工具：小店通。小店通是快手为商家获取公域流量，提供粉丝获取、商品访问、订单管理打造的平台。

（1）小店通的优势

小店通已经成为快手电商的必备工具，借助该工具商家可以利用公域流量获取更大曝光、快速搭建私域流量池、提高粉丝留存率、实现销量增长等。小店通在小店的运营与管理上优势十分明显，具体如图7-12所示。

优势1：
人群自主定向，客户精准触达
优势2：
多种优化目标，全链路增长
优势3：
广告效果最大化，优化店铺推广

图7-12　**小店通的优势**

① 人群自主定向，客户精准触达　小店通能够对用户进行精准定向，实现精细化投放，从而保证商品高效触达目标消费群体。比如，辽宁某珠宝商家通过后台

对消费者性别、年龄、地域、消费行为等进行分析，可以精确定位目标受众为30～50岁本地的中年女性。

小店通的后台有多重定向功能，具体如表7-1所列。

表7-1　小店通的后台多重定向功能

功能	定向标签
自主定向人群标签	可按地域、兴趣偏好等定向目标人群，标签维度精细，人群覆盖量大
定向挖掘流量中台目标人群数据包	定向挖掘专属人群包推送至广告账户，支持过滤非目标客户等，优化触达
电商专属人群包	提供电商专属人群套餐：为广告主提供电商/门店互动、转化的人群数据，让推广效果更精准

② 多种优化目标，全链路增长　小店通对小店的辅助是多层面的，通过对目标的优化，解决运营痛点问题，如涨粉慢、库存高、成本高、订单不稳定等，实现全链路增长。

小店通解决的痛点问题及解决方案如表7-2所列。

表7-2　小店通解决的痛点问题及解决方案

痛点问题	解决方案
涨粉速度慢、成本高	信息流及发现页投放，量级更大，定向更精准
货品库存大，售卖慢	优化到商品访问，量级更大，解决库存大、售卖慢问题
无订单或不稳定	量级大，优化到订单支付，成本稳定，并支持赔付

③ 广告效果最大化，优化店铺推广　小店通上线有配套的数据分析平台：生意通。可以在直播、交易、流量诸多情景中提供详细的数据支持，专业化地分析，以数据实现广告播放效果最大化，帮助商家进一步优化店铺广告投放策略。

小店通对营销活动推广的具体内容如表7-3所列。

表7-3　小店通对营销活动推广的具体内容

互动阶段	推广策略
营销活动前期	活动前上传素材进行推广，小店通涨粉引流预热，人群定向测试找准目标客户
营销活动中期	活动期间适当放量，小店通涨粉推广＋直播推广多维度引流，人群定向适当放开助力跑量
营销活动尾期	活动结束后定期直播加速粉丝沉淀；小店通定向推广流失粉丝召回

（2）小店通的开通

在开通小店通前必须先开通快手小店，并且有营业执照及营业执照对应的对公账户。商家通常需要注册两个快手账号，一个为小店主体账户，另一个为广告充值开票账户，注册好两个快手账号之后，按照要求提供资料、签署协议即可。

7.2.3 小店选品：选品选得好，订单不再愁

无论是短视频带货，还是直播带货，"货"是根本，也是最重要的资源之一。无论从哪个角度看，选品是关键，经营者需要的是高销量的"货"，消费者需要的是高品质的"货"。

商家在选品之前需要对商品进行详尽的分析。

（1）商品定位

选择什么样的商品，需要根据目标粉丝和UP主风格两个维度进行定位。目标粉丝主要看粉丝画像，其重要性在前面多次讲到，这里不再赘述。具体可以在快手APP"创作者中心"—"我的数据"中查看。UP主风格主要看账号发布视频的内容，内容风格决定商品定位。

（2）商品分析

商品分析可以从3个维度出发，分别为关键词搜索、热度关注度及其他平台数据。

① 关键词搜索　关键词分析主要是为了对自己的商品、竞品有更清晰的认识。找到自己商品和竞品的优劣点，通过对比，做出有效分析。搜索的方式如图7-13所示。

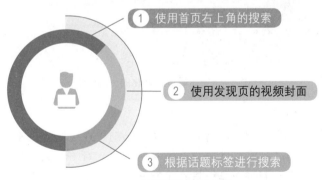

1　使用首页右上角的搜索

2　使用发现页的视频封面

3　根据话题标签进行搜索

图7-13　**关键词搜索的方式**

② 热度关注度

a. 从平台右上角的搜索放大镜搜索快手热榜、直播榜、购物榜、品牌榜，选择当下商品的数据分析。

b. 可以根据当下平台的活动分析商品和竞品的数据。

c.可以根据线下的节日节点和季节性的节日节点选择适合当季流行的商品。

③ 其他平台数据　用第三方平台工具查找,直接获取商品和竞品的数据。

a.商品利润要合理。整场直播的商品分为福利品、辅推品和主推品,三类商品的利润率是不同的。福利品控制在3%以内;辅推品是主推品的衔接品,利润一般控制在5%左右;主推品即主要推广产品,是直播间的重要利润来源,利润可根据具体的品类、分析需求的不同,设置在5%~300%。

b.商品需具有差异化。商品可从商品价格、商品渠道以及售后三个维度体现差异化。当然,选品技巧在本文中也只是简单讲解,更多地需要对选品进行尝试,只有在实战中才能更加有效地提高选品能力。

7.2.4　商品展示:充分凸显价值,切中粉丝需求

快手直播带货要想创造高销量,必须让用户清晰地感知到商品的价值。只有将商品价值充分展示出来,用户才会产生购物需求,进而下单。完成整个转化过程从展示商品特性到用户下单、付款,是个循序渐进的过程,具体包括如图7-14所示的5个步骤。

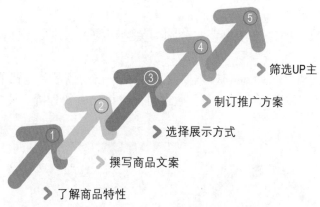

图7-14　完成订单转化的5个步骤

(1)了解商品特性

要想向用户推荐商品,我们首先要了解商品的特点与优势。不同类型商品在外观、材质、尺寸、功能和安全性等方面都有所不同。对于特定品类的商品要侧重地了解其特性,比如:对电子商品要重点了解其外观、功能、安全性等方面的特性;对于服装则要侧重了解其外观、材质等方面的特性。

无论推广什么商品都要全面了解商品的特性,这是最基础性的,只有做好这点,后面的工作才能更好地开展。

(2)撰写商品文案

在全面了解了商品特性后还需要用文字表述出来,形成文案,文案是带货的主

要部分，不可忽视。文案的撰写需要注意以下三个要点。

① 增加趣味性　无论是短视频的形式，还是直播的方式带货，都不能把文案写成枯燥的商品说明书，而要让文案内容尽量有趣。

② 讲好故事　文案要具有故事性，比如设计一个小剧情，让用户沉浸在商品应用场景中。需要注意的是，平衡好实用性与剧情之间的关系，既不能过于突出商品，导致用户出戏，也不能让用户忽略商品的存在。

③ 突出重点　文案要突出重点，不必将商品全部罗列出来，且没有主次之分，这样容易导致用户无法了解商品的特色。因此，在构思文案的时候我们要围绕商品的关键特性进行构思，这样才能让用户看了之后对商品的印象更加深刻。

（3）选择展示方式

无论是短视频还是直播，都要以最恰当的方式展示商品。如直播中可以采用亲自试用的方式，试吃、试穿、亲自体验等，以更真实地展示商品，增强粉丝信服力。

拍摄视频展示商品，可以充分发挥创意，运用特效、对比等手段增强商品特色之处。例如某服装带货主播，视频全部是街拍，在外景中拍摄，模特都是长相甜美的女生，这与她主打的韩系甜妹风格的服饰特别相符。

（4）制订推广方案

完成上述的步骤后就要考虑推广，以短视频推广为主的要优化标题关键词、封面内容等，有条件的还可以考虑购买官方的付费推广服务，以提升短视频热度。

以直播推广为主的则要做好直播的预热工作，将直播时间、主题等信息预告出去，通过短视频为直播预热。

（5）筛选UP主

选择合适的UP主是不可忽视的一大因素，选择UP主要对其粉丝数量、往期销售业绩、业内口碑等进行充分考量，因为这些因素都会影响到商品的最终转化效果。

在评估UP主的带货能力上，可以多多参考其相关数据，包括快手平台内和平台外的数据。

7.3　磁力引擎，对标抖音巨量引擎

7.3.1　磁力引擎下的5大平台

快手上有个专门的广告平台——磁力引擎，可为商家和UP主提供互相合作的牵线机会。商家选择合适的UP主，UP主将通过在视频或直播中挂商家广告链接实现变现。只要UP主粉丝达到一定要求就能够开通这个平台。

磁力引擎是一个生态系统，包括磁力智投、磁力金牛、磁力聚星、磁力万象、磁力方舟。它对标的是抖音的巨量引擎，可以满足广告主不同层次的需求。快手与抖音广告生态对比如表7-4所列。

表7-4　快手与抖音广告生态对比

类别	买量			数据分析
快手	磁力智投	磁力金牛	磁力聚星	磁力万象 + 磁力方舟
抖音	巨量广告	巨量千川	巨量星图	巨量云图

通过对比，可以发现两者有惊人的相似之处，都是用来吸引流量和分析数据的。磁力智投对标巨量广告，磁力金牛对标巨量千川，磁力聚星对标巨量星图，磁力万象和磁力方舟对标巨量云图。磁力方舟是对磁力万象的一种有益补充，通过与站外优秀广告和数据服务商的合作，协助品牌分析消费者路径，做到品牌资产沉淀。

快手广告生态中的主要功能如图7-15所示。

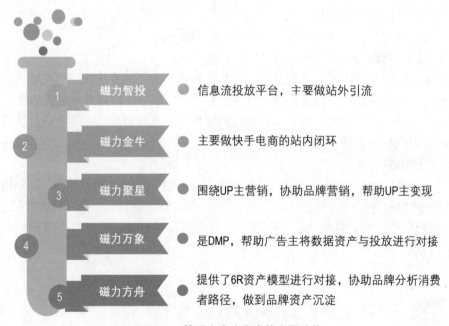

图7-15　快手广告生态中的主要功能

1　磁力智投　信息流投放平台，主要做站外引流

2　磁力金牛　主要做快手电商的站内闭环

3　磁力聚星　围绕UP主营销，协助品牌营销，帮助UP主变现

4　磁力万象　是DMP，帮助广告主将数据资产与投放进行对接

5　磁力方舟　提供了6R资产模型进行对接，协助品牌分析消费者路径，做到品牌资产沉淀

7.3.2　信息流投放平台：磁力智投

磁力智投是快手上的信息流投放平台，用于商家和品牌为提升品牌影响力、提升用户活跃度、收集销售线索、提升访问量而直接进行的广告投放行为，着重于站外引流。目前，可触达快手、快手联盟（广告联盟、内容联盟、电商联盟3种合作

形态）等流量。

进入磁力智投主页面，可以看到概览、推广、报表、资产、工具和财务等细分功能。

（1）"概览"功能

在概览页面可以查看当日实时花费、当日账户日预算、账户余额、当日投放数据概览，如图7-16所示。

图7-16　磁力智投"概览"页面

（2）"推广"功能

推广是投放广告时最常用到的功能，它包括广告计划、广告组、广告创意3个层级数据，非常全面地为广告的精准投放提供数据支持，如图7-17所示。

图7-17　磁力智投"推广"页面

① 广告计划层级　用于确认我们的推广营销目标，比如是推广APP，还是表单，还是商品？还能设置广告计划的总预算。

② 广告组层级　确认商家和品牌的投放定向、投放价位、投放时间、投放节奏、广告组预算等功能。

③ 广告创意层级　用于上传我们的广告素材和标题文案。

（3）"报表"功能

报表功能是统计广告投放的数据反馈情况，包括账户报表、广告计划报表、广告组报表和广告创意报表。

同时，各项数据可以从分日、分时的维度查看。例如比较常用的花费、曝光、千次展示价格、点击率、行为率、转化率、ROI、有效播放率等，可以在自定义列表中详细筛选想要看的数据。

（4）"资产"功能

资产功能包括推广内容组、定向组和创意组三项，同时，各自又包括多项细分数据，具体如图7-18所示。

图7-18 磁力智投"资产"页面的三项数据

各数据代表的含义如表7-5所列。

表7-5 "资产"页面的三项数据的含义

数据	所属数据组	数据含义
应用管理	推广内容组	用于上传、更新需要推广的APP，应用图、应用信息、应用权限、隐私政策都在这里进行填写
万象DMP	定向组	用于上传、打包、分析广告的目标人群，是用于辅助广告账户进行精准定向的功能
定向模板		在这里提前设置好定向选项，方便搭建广告组时快捷完成定向设定
联盟媒体包		用于导出或导入广告位位置的功能，在投放联盟广告时，可以优选转化效果好的广告位打包合并，在下次广告投放过程中直接选定提前打包好的优秀广告位进行投放，提高转化效率
视频库/图片库	创意组	用于上传或管理我们的广告素材，同时也可以在这里查看每个素材的投放数据情况
高级创意库		设置广告投放时的高级创意功能，例如卡片、图文、标签、商品卡、快捷评论等功能，用于辅助广告增加互动或转化的机会
试玩库		用于上传试玩广告素材，比如刮奖、转盘抽奖、扭蛋等互动程序

（5）"工具"功能

工具功能包括线索营销工具箱、账户工具箱、转化工具箱、优化工具箱、创意工具箱等，每个工具箱里有若干个更加细致的工具，如表7-6所列为比较常用的工具的含义。

表7-6　"工具"页面的五种工具箱

工具	所属工具箱	含义
魔力建站	线索营销工具箱	用于自助搭建自己的广告落地页功能
投放资质	账户工具箱	上传广告的投放资质、证明、营业执照等证件，是广告能通过审核的必要条件
转化追踪	转化工具箱	广告投放的转化跟踪联调功能就是在这里完成的，例如比较常见的API或SDK
诊断工具	优化工具箱	智能分析广告可能存在的问题，给出广告优化建议，是辅助优化师进行投放判断的工具
一键清理	优化工具箱	用于清理僵尸广告计划，例如不消耗、转化差、长期不投放的广告计划，便于提高账户管理效率
智能托管	优化工具箱	辅助优化是进行广告账户的搭建和管理等工作，把广告投放的设置提前输入系统中，并打包上传大量的素材，系统智能地自动搭建广告计划并投放
创意灵感库	创意工具箱	可以在这里查看近期优秀的广告投放素材创意，辅助参考广告创意思路

（6）"财务"功能

财务功能主要包括三项数据，分别是充值花费、框返花费、激励花费。

① 充值花费　是广告主真实充值的现金金额，比如，充值50000元现金，就会显示50000元。

② 框返花费　一般是大客户和媒体签订框架协议，比如约定广告主今年保证会投放100万元的广告，媒体会给予广告主一些赠款，作为优惠充值到广告账户中。

③ 激励花费　激励账户是用于对投放过程中，满足赔付条件的广告主进行金额激励，比如，投放广告设置的期望转化价格为100元一单，但系统实际为120元一单，超出的部分媒体会给予一部分赔付给广告主。

7.3.3　电商营销平台：磁力金牛

磁力金牛是一站式的电商营销平台，基于电商细分营销场景的商品、营销能力，做快手电商的站内闭环，实现不同诉求、更多场景、更高效率的运营。这也是磁力金牛的核心优势，具体如表7-7所列。

表7-7 磁力金牛的核心优势

优势	具体内容
不同诉求	针对商家的不同诉求，实现公域＋私域融合，有效协同＋差异化满足，以快速获取精准流量
更多场景	支持商品与投放关联，优化浅层、深层转化目标，满足日常销售、新品测款和活动引爆等多场景
更高效率	统一电商营销平台，实现账号、预算、资金池三大统一

磁力金牛分为移动版和PC端，PC端又分为专业版、速推版、场景版。框架结构如图7-19所示。

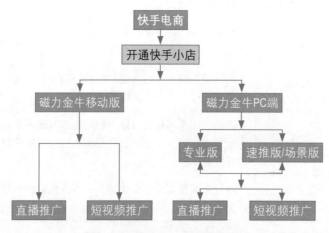

图7-19 磁力金牛的框架结构

（1）磁力金牛PC端

① 速推版/场景版 主要面向中小/自助电商商家，操作门槛低，智能定向，一键投放，一键下单，降低商家操作成本。

② 专业版 专业化更强，适用于大型或经验较丰富的电商商店，可以进行精细化投放，提供更丰富化的定向选择、差异化的营销诉求。

（2）磁力金牛移动版

为中小商家轻量级商品提供移动端推广和营销解决方案。与PC端相比，移动版操作更简单，更便捷，场景更专注，玩法更多样。不仅从技术层面解决了电商商家投放难度大、运营难度大、效果监测差等痛点，更降低了投放门槛，能以较低的预算进行营销投放。

磁力金牛PC端与移动端的双端布局，完成了投放资源整合与投放通路重构两大核心能力的升级。使不同体量的电商商家均可在平台上借助不同功能的推广工具，覆盖日常销售、新品测试和活动引爆，快速获取精准的公私域流量，实现个性化转化目标。

那么，在实际投放过程中，商家又应该如何操作呢？具体如图7-20所示。

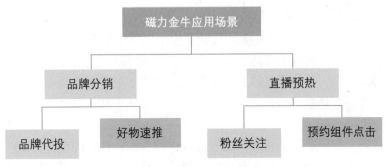

图7-20 **磁力金牛应用场景**

① 应用场景：品牌分销 品牌分销是针对品牌商而言的，品牌商在快手平台的经营模式有两种，一种是品牌自播，另一种就是品牌分销。在品牌分销模式下，利用磁力金牛与快手UP主进行多维度合作，借用UP主在平台已有的影响力、种草能力，提升品牌GMV（商业交易总额）。

具体可使用磁力金牛中的"品牌代投 + 好物速推"组合。

a. 品牌代投。品牌代投是在品牌分销场景下，为满足商家、服务商对带货能力强的多个UP主直播间同时加热助推的需求，以实现"一品牌对多位UP主"的投放，公域、私域流量双线触达。

b. 好物速推。好物速推是商家通过好物联盟平台，将商品提供给UP主进行分销。同时在磁力金牛上创建"好物速推"广告计划，设置广告预算、预期ROI目标，实时监测分销UP主的带货转化效率，保证广告ROI效果。

② 应用场景：直播预热 直播卖货是品牌商与UP主合作进行变现的主要方式。而磁力金牛也是直播预热的很好工具，尤其是在达人宠粉节、品牌超品日等重要场景，可以提前传递直播信息，扩大直播影响力，为直播造势。

提高直播预热效果，常用到的是磁力金牛的"粉丝关注 + 预约组件点击"组合。

a. 粉丝关注。粉丝关注是对预热推广准目标人群的定向，这部分粉丝包括两部分：第一部分是店铺中已购买商品的用户（已关注店铺的除外）；第二部分是店铺粉丝分层里的潜在粉丝。这里需要明确什么是粉丝分层，粉丝分层是一种粉丝维护运营工具，最直接的作用是对进入直播间的用户的行为轨迹进行计分与评级，以便主播根据分值制订不同的福利策略。在分层中，其中一部分是潜在粉丝，这部分粉丝是重点关注对象。

b. 预约组件点击。预约组件点击可以提前锚定直播兴趣人群，助力商家在直播前低成本触达新老粉丝，提高直播间信息的传播度。同时，引导用户预约，在直播正式开播期间召回预约用户，提升直播人气和成交GMV。

7.3.4　达人营销平台：磁力聚星

磁力聚星是围绕快手UP主资源而形成的一个营销平台，以达人为基础，协助商家和品牌打造自己的营销阵地，实现高效变现的目标。

该平台支持两大投放场景、两种达人合作模式、三种投放类型。两大投放场景是指短视频和直播场景，两种达人合作模式是指定达人和招募达人，双轮驱动，凸显聚星商业价值。

指定达人，即商家和品牌有明确想要合作的达人，这样的模式付费一般是一口价。双方谈好价格，达人可以通过磁力聚星上的星视频和星直播两种形式，支持商家和品牌广告投放。

招募达人，类似于赏金任务模式，也就是说商家和品牌只有明确的营销目标，但不限定达人，只要这些人能满足要求即可。这样的模式一般是按照效果付费。

星视频、星直播、星任务是磁力聚星上的3个类型，因达人合作模式不同，使用场景不同，计费方式也不同，具体如图7-21所示。

图7-21　磁力聚星上星视频、星直播、星任务的不同

（1）星视频

商家和品牌根据自己的推广需求选择达人，达人接单后通过定制短视频，来帮助商家进行商品或品牌推广。

星视频的作品可以在快手平台全域进行分发，包含公域、私域。私域即UP主页和粉丝。公域即快手的发现页、精选页、话题页等。

（2）星直播

星直播，顾名思义是达人在接单后通过直播的形式来帮助商家和品牌实现预期目标。星直播包括专场直播和混场直播。专场直播，是达人在一场直播里只为一家企业、一个品牌服务；混场直播是指在一场直播中，为多个品牌来做推广。

星直播上，有两种的商品组件，一个叫作小黄车，一个叫作小铃铛。

小黄车，是一个可以直接实现直播带货的商品组件。

小铃铛，支持品牌推广、应用下载和线索收集等营销目标。

（3）星任务

商家和品牌在发布任务后，UP主可以根据兴趣、特长，自主接受任务。同时，创作出符合任务要求的视频或直播内容，帮助商店实现包含品牌推广、应用下载和线索收集在内的各项目标。

任务结束之后，商家和品牌会按照UP主作品产生的实际效果进行付费，广告计费模式包括CPA、CPC、CPM和CPD。

7.3.5　数据整合平台：磁力万象

磁力万象是将分散的多方的数据进行整合的技术平台，以帮助商家和品牌将数据资产与投放进行匹配对接，达到结合自身需求投放，精准锁定目标人群的目的。

磁力万象具体功能如图7-22所示，三个功能组成了一个完整的体系。

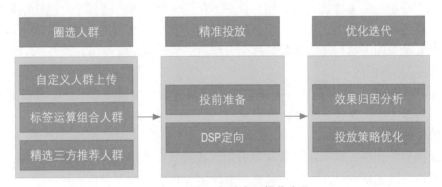

图7-22　**磁力万象的实际操作步骤**

（1）圈选人群

磁力万象支持三类圈选人群的方式。

第一是自定义人群上传，运用该功能可在人群管理页面点击"上传管理"，上传一方人群。

第二是标签运算组合人群，就是通过标签运算去组合人群，具体又可分为单标签、标签组合两种。

① 单标签运算　即用户在标签专区（如图7-23所示）选择感兴趣的标签，进入人群包生成页，或者在人群管理页点击新建人群，进入新建人群包的页面；然后，在新建人群包页面勾选标签的一些细项，完善人群包的配置；最后点击生成人群，即可成功生成一个人群包。

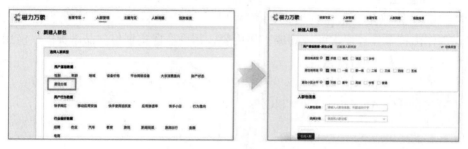

图7-23　圈选人群标签专区

② 标签组合　可以在页面中选择已有人群，通过人群列表里已有的人群进行运算，也可以在页面直接圈选标签，生成一个新的人群包。

第三是精选三方推荐人群。用户在三方精选主题专区，选择平台已经组好的人群包，按照行业、分类，选择一个目标人群包，直接添加到人群列表。而后就可以在人群管理页面人群列表里面看到这个人群包，后续可正常使用。

（2）精准投放

① 投前准备　在圈选人群完成之后，就要进入精准投放环节了。首先是投前准备，包括上线→推送→扩展→洞察4个步骤。

第一步：上线

无论是从标签运算，还是从一方上传，或者是在主题专区里面添加人群包，在进入人群列表之后都是未上线的状态。这时需要在"人群管理页面"点击"上线"按钮，人群包上线之后才可以在DSP使用。

第二步：推送

人群包上线之后除了可以在DSP里使用，点击"推送"按钮还可以将人群包推送至其他平台，这里要注意的是，跨主体推送及二次推送需要开启白名单。

第三步：扩展

当生成完的人群包无法满足于当前投放需求时，会用到人群包的扩展功能。扩展的逻辑基于looklike算法（是计算广告中的术语，不是单指某一种算法，而是一类方法的统称）框架进行，是为了保证人群覆盖的一个时效性，数据是以天为单位及时更新。

在这个过程中，有四个事项需要特别注意，如表7-8所列。

表7-8　扩展人群包的四个注意事项

注意事项	具体内容
1	扩展完毕相当于一个新的人群包生成，会出现在人群管理页
2	扩展人群包一个必不可少的条件是覆盖量，通常要求在1000万～3000万曝光量
3	根据自身需求选择扩展的场景，比如信息流广告场景、大屏广告场景等
4	不支持已经打包好的三方人群包

第四步：洞察

在投放之前，还需要熟知人群包的细则，点击人群列表页面的洞察或者顶部导航栏的人群洞察，就可以查看。截至2022年支持8～11个维度指标分布，并支持两个人群包相互对比，比较两个人群包中的top10的特征差异。

② DSP定向　完成投前准备工作后，就可以直接在DSP投放平台里使用。接下来，详细介绍如何定向这些人群包。

人群包定向分为自定义人群包定向、智能定向、标签定向。

自定义人群包定向，是指商家和品牌在投放广告时按照自身需求定向一批人群，排除不想让其看到广告的某一些人、某一类人。人群包智能定向是指商家和品牌不必自己选择定向人群，只要勾选定向人群键，系统就会根据广告投放的人群，为广告主智能推荐人群包。同时，也支持排除人群包，去除一部分用户。

标签定向是直接根据标签进行定向，比如消费者所在地区、年龄、性别、使用设备、网络环境等，一些关键的标签可以自定义选择，大众化的标签可以靠系统优选。勾选系统优选之后，系统会基于广告需求及其他信息，帮助商家优选出来。

（3）优化迭代

从人群圈选到精准投放，整个广告的投放链路已经完成80%，剩下最后一个环节是商家对投放的效果进行迭代优化。

迭代优化核心是效果归因分析，归因分析包括3个方面，如图7-24所示。

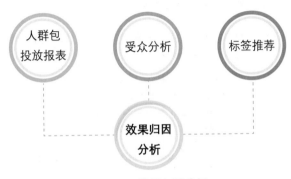

图7-24　效果归因分析

人群包投放报表是基于人群包对广告投放数据进行的统计和展示；受众分析是基于商家和品牌的历史投放数据，对用户属性、行为、意向进行有序的展示；标签推荐是指系统根据广告点击效果和转化效果，为商家推荐一些优质标签，商家可以用这些标签组合生成新的人群包。

基于上述几个模块的分析，商家可以进而迭代自己的投放策略。比如：拓展相似人群、调整人群定向策略、适当调整预算及优化创意素材等。

7.3.6 消费行为分析平台：磁力方舟

由于并非所有的商家都有技术、有能力对消费数据做沉淀分析，这时就会用到磁力方舟。它是与第三方广告平台和数据服务商合作，为广告主提供了一个6R人群资产模型，协作分析消费者路径、行为，赋能品牌数字营销。

那么，什么是6R人群资产模型，它是消费者在快手消费行为的全链路旅程，6R代表"触达、记住、兴趣、询问、购买、复购"，磁力方舟就是以6R人群资产模型为基础，为广告主提供用户沉淀、洞察、决策、营销、度量等能力，通过该模型可以针对不同意向用户，提供差异化的营销策略。

比如，针对R4人群投放促销广告，针对R5人群进行交叉销售。以下是6R人群资产模型的各层级的具体含义，如表7-9所列。

表7-9 6R人群资产模型含义及其描述

层级	含义	描述
R1 触达	与品牌被动、浅层次接触的人群	（1）在商业内容中有"少量广告素材曝光或播放行为"的用户； （2）在品牌自然内容中有以下任意行为的用户： ·短视频曝光次数1~2次 ·短视频播放时长1~29s （3）在品牌阵容中有以下任意行为的用户： ·短视频/直播间曝光次数1~2次 ·短视频/直播间播放时长1~29s
R2 记住	忠于品牌，对品牌有深度热爱的人群	（1）在商业内容中有"多次广告素材曝光或播放行为"的用户； （2）在品牌自然内容有以下任意行为的用户： ·短视频曝光次数3次以上 ·短视频播放时长30~89s （3）在品牌阵容中有以下任意行为的用户： ·短视频/直播间曝光次数3次以上 ·短视频/直播间播放时长30~89s

层级	含义	描述
R3 兴趣	与品牌有简单互动的人群	（1）在商业内容有"少量转评赞等行为"的用户； （2）在自然内容中有"少量转评赞或视频中商品点击等行为"的用户； （3）在品牌搜索中有以下任意行为的用户： •搜索次数1次 •搜索播放1次及以上 •搜结果页面点击1次及以上 •搜索播放时间0s以上 •搜索关注次数1次以上 （4）在品牌阵容中有"少量转评赞或视频中商品点击等行为"的用户； （5）在快手小店有商品详情页浏览1次以上行为的用户
R4 询问	与品牌有深度互动的人群	（1）在商业内容中有"多次转评赞或有表单提交等深度行为"的用户； （2）在自然内容中有"多次转评赞或视频中商品点击等深度行为"的用户； （3）在品牌搜索中有"搜索次数2次及以上"的用户； （4）在品牌阵地中有"多次转评赞或视频中商品点击等深度行为"的用户； （5）在快手小店有"订单提交1次及以上""单页浏览1次及以上"行为的用户
R5 购买	近1年产生购买行为的人群	近1年内在快手小店购买过1次某品牌商品（同1天内购买多次计为1次）
R6 复购	近1年重复购买，及有过正面评论的人群	近1年内在快手小店购买过2次及以上某品牌商品（同1天内购买多次计为1次），购买商品后且发表过正面评论

阅读表7-9时，需要特别注意以下3个事项：

① R1～R4是分析近30天的行为，R5、R6是分析近1年的行为。

② 商业内容包含开屏广告/信息流广告/搜索广告/磁力金牛/磁力聚星/种草橱窗/挑战赛/直播PK赛等；品牌自然内容包含快手站内与该品牌相关的短视频内容，无直播内容；品牌阵地内容包含品牌服务号及商家和品牌号在快手站内发布的短视频内容及直播的直播间。

③ 每一层级的用户人群均不与其他五个层级的重叠。比如，触达人群不与记住、兴趣、询问、购买、复购重叠；记住人群不与触达、兴趣、询问、购买、复购重叠。

7.4 在快手上实现高效直播的3个策略

7.4.1 直播前：预热铺垫，选好时机

直播流量之所以少，很大一部分原因是预热不够，甚至有很多人直接开场。尽管各项准备工作做得很足，但如果预热工作做得不够也很难收到预期效果。

直接开播引流进来的大部分粉丝都是随机的，可能是逛直播广场时恰巧刷到，进来看看热闹，大多数没有什么很强的消费意愿。这种粉丝属于无效粉丝，进得快走得也很快，没有目的性，购买概率就很低。

直播前预热就是要找到有效客户，这就犹如某个新品在上市之前，厂家一定会先大肆宣传一番。欧莱雅小白方精华面膜在推出前，商家在各大平台展开宣传，包括短视频平台。起初很多消费者并不知道这个牌子的面膜，而在看了某个短视频或小红书文章后，发现各大UP主都在推送，于是开始关注，所以正式上市那天，就会有很多人去购买。

同样，直播预热也很重要，这与提前宣传的性质一样，都是让潜在的人群知道商品的存在，如果没有预热，很多人都不知道产品，更别说购买了。

那么，应该如何做好预热工作呢？具体如图7-25所示。

1	个人昵称和主页预热
2	专门做一期预热视频
3	提前做一场预热直播
4	站外流量预热
5	直播预热文案技巧

图7-25　直播前预热的5项工作

（1）个人昵称和主页预热

开播前3～5天，修改个人昵称，或者主页发直播预告，很多大V在直播时就严格遵守这一规则。这是一个最简单、最有效的方法，格式通常为"昵称＋直播时间＋品牌"。比如，八点××品牌宠粉专场，×月×日福利节等。同时，也可以在个

人主页上补充更多的详细信息。

（2）专门做一期预热视频

快手直播与短视频是同处于一个生态，它们之间是紧密关联的，爆款视频对直播间的引流起着重要的作用。很多人不做视频预热直接开播，白白损失了一大波自然流量。需要注意的是，视频预热是讲究技巧的，如在视频标题上采取话题形式把直播内容重点体现出来。

（3）提前做一场预热直播

直播最主要的还是内容，没有好的内容一切白搭。为查缺补漏，可以提前策划一次直播，按照预设脚本进行。比如，在开播前两个小时进行预热直播，这都可以让正式直播的时候人气大增。预热直播不是为了带货，主要是为了让粉丝记住我们，告知他们有直播这样一件事情。一些头部主播、明星主播很喜欢使用这种方式，如有一定粉丝基础效果更好。

（4）站外流量预热

站外流量预热是将预热信息发布到微信朋友圈、小红书等已有的流量资源平台上。由于是已经有的流量，相当于是利用免费流量资源做一个变现。

利用站外流量预热，与站内预热在信息上要区别开来，因为不是站内粉丝，黏度上要差一些，所以一定要将核心的、重点的信息体现出来，如他们能获得什么利益，感兴趣的有什么，错过了会失去什么，等等。

（5）直播预热文案技巧

发预热视频或宣传海报，千万要注意，文案一定不要直接打硬广告。可以采取降低广告性质＋拉近人的距离，直接点明目的的方式来写。

例如，罗永浩的直播预热，他的直播预热文案是这样写的：

（基本上）不赚钱，交个朋友，（也许是）中国第一代网红。

这张海报上的文案，几个醒目的大字就是"不赚钱，交个朋友"，弱化了广告的效果，拉近了与粉丝的距离；之后仔细看上面又有（基本上）和（也许是），用这样缓和的词，让粉丝读出了一种幽默感和轻松感，也激发了强烈的好奇心，这个直播预热文案就成功了大半。

7.4.2　直播中：巧妙展示，突出特色

在短视频带货当中，为了突出商品特色，视频内容需要围绕商品卖点和用户痛点进行，在直播带货中也同样离不开这两个元素，但只有卖点和痛点往往是不够的，如图7-26所示的四个元素都是直播中吸引粉丝的重要元素。

图7-26 直播营销中的四个元素

（1）四个直播元素

① 卖点 可以理解为商家为商品赋予的属性，包括显性属性，如衣服的材质、款式，以及隐性属性（如品牌文化等）。

② 痛点 可以理解为用户在日常生活中遇到的麻烦，如果不解决，就会对身体或心理造成困扰。关于如何寻找用户痛点，主播可以在确认商品货源后，在淘宝、京东等电商平台找同类商品，在"问大家"的板块中可以看到大家买这款商品最关心的问题，直播中就可以针对这些问题重点突破。

③ 爽点 痛点即时被解决，是即时的满足。比如520前一场直播中，主播介绍一款项链时可以这样说：520马上就到了，你的礼物准备好了吗？这款项链现在下单，下午就能顺丰发货，赶在520之前送到你手上。

④ 痒点 痛点是解决用户的问题，而痒点则是满足用户的欲望，这在奢侈品行业尤为常见，几十万的包包背身上，秒变名媛，这就是满足了用户的虚拟自我。

卖点、痛点、爽点、痒点都是商品推广的切入点，将这四个元素尽可能地融入商品推广中，将使商品更加有吸引力。

（2）讲解商品的步骤

直播是一个相对较长的带货过程，往往长达数小时，它不像短视频带货，只有几分钟的时间。所以在介绍商品时，要按照一定的步骤，循序渐进地进行，有开头有结尾，有干货有互动。以某品牌的燕麦为例。

① 找出痛点，引导需求 联想该产品在日常生活中的适用场景，从而找到痛点。如来不及做早餐的上班族，减肥、健身一族。

② 放大痛点，刺激需求 升级痛点，放大痛点，与粉丝产生互动。如"不吃早餐容易得胃病，早餐对我来说是一天当中最重要的一餐，早餐没吃的话一上午都没办法好好工作，总想着怎么还不下班啊""街边卖的早餐好像不太干净，很容易

吃完拉肚子"。

③ 结合痛点场景，引出商品　放大痛点后，需要马上结合该痛点的场景，引出商品。如"早上起来，2分钟就可以搞定一顿健康早餐，吃完我又是活力四射的打工人""我现在每天晚上下班会去健身，下午四五点就会吃这个燕麦拌酸奶，不然晚上到健身房整个人都没什么力气"。

④ 介绍商品、品牌　详细展示并解读商品包装、规格、含量、成分；试吃并描述商品口感；介绍品牌、展示资质。

⑤ 塑造商品价值　详细讲解燕麦片对人体的好处；说明商品是分包装的，每天就吃一小包的量就够了，出差旅行也很方便携带。

⑥ 售后服务问题　这个是必须要强调的，如七天无理由退换货、申请免费试吃、赠送运费险等。

⑦ 介绍优惠活动　优惠活动是促使粉丝购买的临门一脚，很多时候粉丝已经有购买之心，但总是不行动，就缺少这最后一步。试着用优惠活动去引导他们购买，用坚定的语言让他们感受到高性价比。

如"原价59.90元一包，今日直播间抢购价格29.00元一包，还送你一个燕麦碗""限量100件，抢完就下架没有了"。

⑧ 用户评价　展示买家秀以及大量好评，这个是可选环节，有比较好的反馈的话可以展示出来，没有也不必刻意制造。

7.4.3　直播后：做好复盘，提高复购

直播带货最大的问题就是复购率低，除了那些知名头部主播复购率尚可，绝大部分直播间复购率几乎为零，粉丝买了也就买了，都是一锤子买卖，很少有第二次。

当然，直播带货复购率低也是有客观原因的。比如，很多主播在直播间玩"套路"，挖的坑常常令人猝不及防；直播间不是专业电商平台，没有完善的咨询和服务体系，如果收到货不满意，有使用问题，得不到及时、满意的答复，找主播退换又会很麻烦。

尽管受客观条件限制较多，但也要努力去改变。最有效的方法就是直播复盘，而且每场都要做。所谓复盘就是当一件事结束后，无论成功还是失败，尤其对失败的项目要重新梳理一遍，回顾一下预先的设定是怎样的，中间出了什么问题，为什么会失败，再遇到类似的情况能否做得更好等。

复盘是为了给以后的工作提供经验和参考，这是最基本的、最直接的价值。当然，一个好的复盘，价值不仅是总结经验，还体现在多个方面，如图7-27所示。

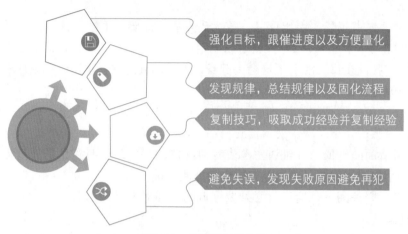

图7-27　**直播复盘的价值**

复盘最核心的是对直播数据进行复盘，数据类型有很多，要注意复盘，对表现好的数据和异常数据都要慎重对待。需要复盘的数据，有以下几种类型。

（1）直播基础数据

直播基础数据包括粉丝总数、新增粉丝、付费人数、评论人数四个部分，各项数据的意义如表7-10所列。

表7-10　**直播基础数据的意义**

数据类型	数据的意义
粉丝总数	决定了直播间所在流量池等级，是决定直播间带货效果的关键指标，因为有人的地方才有交易
新增粉丝	代表直播对新进用户的吸引度，单场直播新粉比例低于3%时，说明直播内容对新进用户没有吸引力
付费人数	需要注意的是付费人数不等于购买人数，送出粉丝团灯牌以及其他礼物都算付费用户，因此付费用户数据参考意义不大，不必过于研究
评论人数	代表直播的用户互动情况，是影响直播间人气的关键因素。一般互动比例达到10%算不错的，低于5%就要考虑对直播间人货场进行优化

（2）直播粉丝来源

粉丝来源影响直播的质量，根据后台的分类直播来源包括直播推荐、视频推荐、关注、同城、其他五个部分。各项数据的意义如表7-11所列。

表7-11 直播粉丝来源数据的意义

数据类型	数据的意义
直播推荐	包括直播广场、直播推荐流等免费推荐流量
视频推荐	通过自己或者他人的视频引流进入直播间
关注	用户通过粉丝推荐和关注页面进入直播间
同城	用户通过同城推荐进入直播间
其他	包括等付费流量，也包括小时榜、PK连麦等免费流量

其中，直播推荐和视频推荐占的比重应该最高，如果这两部分数据不好，一定要重点复盘，找出根本原因。

（3）后台数据

后台数据包括实时概览、核心指标、直播间数据分析等。

① 实时概览　通过实时概览可以直观了解当日整场直播的成交金额、商品访客、商品点击、成交人数、成交订单数等重点数据。复盘时，要重点对成交高峰时间段的数据做记录，看一下直播的高峰期会出现在哪个节点。

研究这项数据目的有两个：第一便于后期开播的时候，在这个时间段去卖利润款的商品；二是如果投付费流量的话，需要在峰值前10分钟进行。

② 核心指标　核心指标数据要在不同时段、不同品类之间查看，搞清楚产品处于哪个阶段，不同阶段下，同一数据指标可能有着不同的重要性与意义。比如，对于一个电商平台而言，"退款率"这个数据重要吗？针对不同的阶段、不同的用户规模，答案是完全不一样的。

在产品初创阶段，电商平台的核心指标是"首单率""笔单价"，"退款率"如果不太高，完全没有必要过分关注。而在产品成熟期，"首单率""笔单价"提升空间已经非常有限，市场也难以进一步开拓。这时退款率就十分重要，如果过高会给企业带来直接的利润损失。因此，这个阶段必须关注这项数据，想办法降低退款率才是工作的重中之重。

③ 直播间数据分析　直播间数据分析包括分钟级趋势、流量趋势、商品分析、用户画像四个部分。

a. 分钟级趋势。分钟级趋势包括用户行为数据和直播间后行数据，通过对比两组数据可以分析出直播间是什么原因使用户在直播间产生购买行为。

b. 流量分析。流量分析里可以看到流量来源和流量转化。流量来源一般有自然流量和付费流量两种。流量分析复盘重点是要关注自然推荐的发现流量有没有打开，这是直播间形成高人气的关键。

流量漏斗是一个直播间流量转化的模型，通过流量漏斗可以看到用户在直播间产生的行为动作，然后可以对应地给直播间做优化动作，提高直播综合转化率。

流量漏斗从上往下分为4个层级，第1层是曝光转化率，第2层是点击转化率，第3层是生单转化率，第4层是成交转化率。不同层级转化数据低的主要原因也各有不同，具体如图7-28所示。

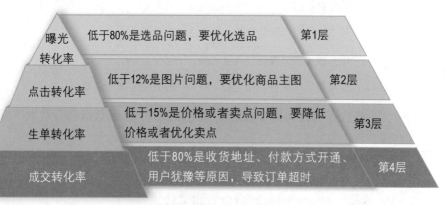

图7-28　流量漏斗的4个层级

c. 商品分析。交易指标：筛选销售最好的商品在下场直播中增加库存或类似款。流量指标：筛选用户最喜欢的商品在下场直播时当作福利款活动，增加直播间人气。售后指标：筛选退货率最高的商品，在下场直播中移除该商品。

d. 用户画像。对用户画像进行分析，为下一场直播投放找到目标人群。用户画像数据包括性别、年龄、地域等浅层次的，以及平均停留时长、带货转化率、UV价值等深层次的数据。浅层次的数据分析本书已经多次提到，不再赘述。这里重点解释深层次的数据，具体意义如表7-12所列。

表7-12　用户画像的深层次数据意义

数据类型	复盘内容
平均停留时长	平均停留时长是内容吸引力指标里最重要的一项，停留时长数据越好，说明主播的留人技巧和选品都不错，通常停留时长超过2分钟算不错的数据，超过30s是一个及格线
带货转化率	直播间的用户下单比例=下单人数÷观看总人数，这个数据可以衡量直播间的真实购买力，也反映主播的带货能力。一般带货转化率达到1%以上算合格，优秀的达到3%以上
UV价值	即单个用户给直播间贡献的价值，该数值越高，说明用户在这个直播间的付费意愿更强。有些主播的一场直播UV价值高达30，说明粉丝消费力极强，销售额肯定高

需要注意的是，直播复盘不仅仅是主播一个人的事，而是整个团队所有人共同的责任。除了主播之外，助理、运营、选品、场控、客服都要参与，具体如表7-13所列。

表7-13　直播团队要参与复盘的人员

参与人	复盘内容
主播	复盘直播中直播脚本、话术问题，商品卖点掌握情况，控场情况
助理	复盘商品上下架，关注直播间设备，确认发货快递和发货时间，与主播配合等
运营	复盘预热视频、引流视频的准备和发布，营销工具的投放操盘问题；以及场地布置、直播间背景、直播间灯光、直播设备、商品陈列等场景方面的问题
选品	复盘商品的筛选是否合理，利润款、引流款、福利款商品设置是否合适；以及商品的核心卖点提炼是否到位，货品展示是否清晰美观等
场控	复盘是否及时、妥善处理直播中实时目标关注、直播间热度变化、突发事件等
客服	活动福利说明，复盘可能存在的售后问题，直播过程中回答粉丝的提问等

第 **8** 章

微信视频号电商：背靠微信，积极布局电商业务

微信视频号背靠微信这棵大树积累了大量原始流量，为鼓励商家和品牌入驻，陆续推出短视频带货、直播带货、微信小商店、广告互选平台等功能，让视频号完成流量创造到流量变现的闭环，现在流量电商化也是意料之中。

8.1 微信永不缺席，短视频电商初具规模

微信视频号是微信的一项附加功能，可以发布短视频，也可以发布直播，用户在观看视频和直播的同时，对视频或直播点赞、评论、收藏和转载。

与抖音、快手最大的不同，视频号是微信里面的短视频窗口，抖音、快手最初是没有用户的，然后依靠内容将用户逐步吸引过来，这样循环滚动前进。视频号则不一样，它是基于已有的微信用户运行的，微信用户相当于被迫开通了视频号，因此，视频号是有天然的用户基础优势的，这也是视频号时间短，但活跃用户较多的原因。

大量用户涌入了视频号，而又没有足够的内容承载，这就是机会。

微信视频号诞生前，张小龙在一次微信公开课上说，"相对公众号而言，我们缺少了一个'人人可以创作'的载体，因为不能要求每个人天天写文章"。并进一步表示，短视频一直是微信要发力的方向，这也预示着微信将会做视频号或者类似于视频号的产品线。由此可见，微信视频号的定位，并不是作为一个独立的产品而存在，是作为微信，尤其是微信公众号的一个组成部分或补充，目的是完成微信生态内容建设的闭环，缓解微信在发展过程中面临的困境。

随着用户需求的变化，微信在发展过程被诸多问题困扰，这些问题主要表现在

两个方面，如8-1所示。

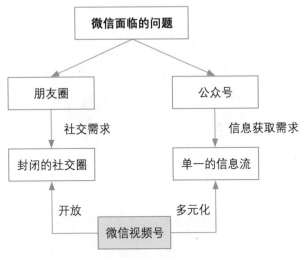

图8-1　**视频号解决了微信现存的两大问题**

（1）视频号解放了封闭的朋友圈

朋友圈是个封闭的社交功能，随着用户社交需求的扩大，朋友圈无法再适应用户的需求，用户急需突破这个封闭圈层。微信朋友圈是一个闭环的社交，用户不管发什么内容只有自己的好友可见。

视频号则不同，在视频号里发视频，如果他人有点赞、评论、转发行为，那视频号就会推荐给有过此等行为人的社交圈，也就是说，并不会局限于自己的朋友圈。还有一种情况就是系统会自动推荐，比如平台通过视频的点赞量、播放量等数据，判断视频的目标受众有哪些，然后将视频推荐给可能感兴趣的陌生用户。

（2）弥补了公众号视频类信息的缺失

微信公众号有很多缺点，比如，新申请的账号没有留言功能；只有被关注才可以看到更多的内容；不能发短视频，就是一个单纯的图文号。视频号的出现打破了这个限制。

视频号可以添加公众号视频链接，通过链接浏览视频的人都可以直接进入公众号，这也间接地为封闭的公众号打开了一个入口。同时，也能为公众号导流、变现提供了诸多可能性。当公众号流量进入瓶颈期时，视频号支持附带链接，为视频号冷启动导流。所以，运用视频号和公众号的完美对接，让流量有质的飞跃。

经过近两年的迭代，视频号已经实现了公域和私域的互通，积累了大量的流量，整个网络平台不再是孤立的个体，而是互通有无，在视频号直播间与视频号短视频动态内都可以直接下单，视频号又可以链接企业微信、公众号、社群、小程序，打造完整的获客增长交易闭环，如图8-2所示，同时视频号带有社交属性，能为商家带来一定程度的新增流量。

图8-2　视频号完整的获客增长交易闭环

8.2 深挖视频价值，聚焦视频变现

8.2.1　视频号小任务

2022年8月18日微信视频号推出视频号小任务，这是一个任务撮合功能，类似于抖音的巨量星图、快手的星火计划。至此，创作者多了一个变现途径，商家多了一个品牌推广渠道。

按照规定，参与小任务的创作者，只要粉丝不少于100人，并持续发表优质原创作品，即可按照商家设置的任务要求创作视频，然后根据视频效果获取相应的收益回报。

参与视频小任务只需3个步骤，如图8-3所示。

图8-3　参与视频小任务的3个步骤

（1）筛选任务

符合条件的创作者可在"视频号创作者中心"，进入"视频变现任务专区"，即可看到丰富海量的变现任务持续上新，可选择感兴趣的任务来参与。

（2）发表视频

创作者进入任务主页，点击活动描述，即可查看任务介绍和参与条件。小任务平台支持多种广告任务创作，目前已经有来自游戏、网服、影视、快消、旅游和零售等多行业的任务上线。

按要求进行视频创作是获得收益的前提，完成创作后，在活动页面点击参与，上传视频并发表，审核通过后即为投稿成功。

（3）提现收益

投稿成功次日，创作者可以在活动主页活动描述的投稿视频查看预估收益，也可以在创作者中心的创作者服务视频收入查看预估收益，创作者可将最终收益提现至微信零钱账户。

在奖励方面，现金奖励丰富。小任务按照视频质量与效果获得收益。创作者按照不同任务活动规则创作投稿视频，投稿视频表现越好，带来的收益越高。

8.2.2 视频号互选平台：双向选择，精准匹配最优创作者

视频号互选平台是商家、品牌和创作者双向互选并自由达成内容合作的交易平台。在该平台上，品牌方可根据品牌调性、目标人群等维度与匹配的视频号创作者合作；视频号创作者接受合作邀约后，将结合品牌、产品需求及粉丝偏好，为商家定制创意内容，最终发布在视频号内。

视频号互选平台作为一个中介型平台，对商家、品牌和创作者都是有利的。对商家、品牌方的优势如图8-4所示，对创作者的优势如图8-5所示。

- 投前
优质作者资源，精准选号推荐能力强
- 投中
资金安全，内容优质有保证
- 投后
结案报告，提供完整的数据分析

图8-4　视频号互选平台对商家、品牌方的优势

可观的收益·
内容合作广告，收入回报丰厚
丰富的客源·
客户资源多元，持续拓展商机
专业的服务·
平台高效安全，数据精准透明

图8-5　视频号互选平台对创作者的优势

需要注意的是，无论商家、品牌方，还是创作者都需要符合一定的条件才能入驻平台。

（1）商家、品牌方入驻需要符合2个条件

第一，符合微信广告合约广告准入类目要求；第二，单笔合作预算10万元及以上。

（2）创作者入驻需要符合3个条件

第一，所述视频号账号有效关注用户1万及以上；第二，完成实名认证及视频号认证；第三，持续发表原创优质内容。

符合条件的创作者将会在移动端收到平台私信邀约，创作者在了解视频号互选平台核心能力后，一键同意邀请即可加入。另外，创作者也可主动加入平台，具体步骤登录PC端视频号助手，进入"创作者变现"页面，点击"立即开通"。

8.2.3 视频带货：与微信公众号、小程序打好配合战

视频号的短视频带货功能，对标的是抖音、快手的小黄车功能。创作者在视频下方直接添加商品链接，用户点击链接后，下单、支付，即代表交易完成，同时，创作者获得一定比例的佣金。

视频号短视频带货最早可追溯至2021年年初，带货形式是在视频号内带公众号文章链接，由于公众号文章里嵌入了购买的小程序，算是一种"野生带货"。后来，逐步增加了商品分享功能，只要点击视频下方的商品链接，就能够直接

图8-6 **视频号挂商品链接示例**

跳转到商品页面进行操作，用户交易路径大大缩短，示例如图8-6所示。

随着短视频带货逐步向抖音、快手靠近，也日益规范起来，像做其他平台的短视频一样。高质量带货的前提仍是选品。微信视频号的选品路径有三个，分别是通过创作者中心选品、从小商店添加商品和添加商品信息到视频号橱窗。

不过，从微信官方对待电商业务的开放程度来看，对于视频号带货变现仍比较克制。比如，微信创作者官方表示最好一天挂车内容不要超过3条；又比如很多品牌并不会在视频号短视频中直接挂商品链接，而是通过短视频将用户引流到私域或者直播间。

例如，屈臣氏服务助手的视频号，短视频中并没有商品分享链接，更多的还是引导用户点赞达成流量裂变，或者引流用户到小程序等私域中，日常带货还是依靠直播，如图8-7所示。

可见，微信视频号的视频带货业务还处于发展初期，同时存在诸多问题，并不能满足商家、品牌和创作者的需求，主要表现在以下3个方面，如图8-8所示。

图8-7　屈臣氏视频号的短视频中并没有带货链接

流量算法与抖音、快手不同　　带货功能搭建尚未补齐　　带货渠道有所限制

图8-8　视频号带货存在的3个问题

（1）流量算法与抖音、快手不同

与抖音、快手相比，微信视频号社交属性更强，用户收到的推荐视频多是"好友赞过"的，视频号中还有"朋友赞过"板块，方便用户之间形成社交互动。目前，视频号更多还是出现在朋友圈、群消息和公众号关联中，发现页上视频号真正的一级入口反而被忽略了。视频号流量已然足够，但更多的还是基于社交场景，没有养成消费者的购物心智。

（2）带货功能搭建尚未补齐

如果将商品加入购物袋之后退出，就无法在视频号其他页面找到购物袋，只能重新进入短视频点击下方的链接才能找到，并且每个店铺的购物袋并不互通，想要下单不同店铺的商品，只能分开下单。

（3）带货渠道有所限制

视频号带货的渠道局限在腾讯的生态之内，并没有打通商品供给更为丰富的淘系平台。

目前，利用视频号获利的大多是之前已经建立起私域的商家，比如，已经在别的平台引导粉丝关注公众号，视频号是在关联公众号之后流量才起来了，直播带货效果也好了。如果一个玩家没有私域流量，想在视频号带货暂时是比较困难的。

相信后期微信会逐步完善、推出关于短视频带货的流量扶持政策，但能否有效果，能否激起商家参与的激情和欲望，还是要看数据。其实这是一把双刃剑，虽然可能获得官方流量扶持，但带货视频效果不好，也会影响接下来的流量。视频号的短视频带货还处在发展初期，未来肯定是越来越完善。

8.3 搭挡公众号，打通公众号私域

8.3.1 在视频号中植入公众号

视频号+公众号这种变现方式，是在视频号文案中直接添加公众号链接，这是目前运用最多的一种方式。例如，某演讲教练在视频号文案直接添加公众号链接"你说话的细节，暴露了你的专业素养"，粉丝直接点击链接即可观看公众号相关文章，如图8-9所示。

图8-9 视频号中公众号视频链接

这种变现方式操作简单，人人可轻易上手。局限性是变现范围小，难度大，路径长，无法直接卖货，所售卖品类也十分有限，多适合于线上虚拟商品。比如，线上课程、付费阅读等。

托尼富是一名电商自媒体，在入驻微信视频号之前，已经是微博红人。他2010年进入微博，以撰写、分享财经类视频见长，获得众多用户认可。3年后，成为微博官方电商排行榜榜上有名的自媒体，最高排名到全国第5名。

托尼富入驻微信视频号后，由于已有一定的用户基础，便以出售付费课程为主，在视频号中植入同名公众号链接，用户点击链接即可进入公众号内进行付费阅读，如图8-10所示。

添加公众号链接成为微信视频号变现的主要途径，那么，应该如何添加呢？具体步骤如下：

①打开微信客户端，找到想要添加链接的微信公众号，并复制链接；

②进入视频号的主界面，进入"我的视频号"，点击右上角的相机按钮；

③拍摄或者从相册选择一段视频发布，点击"扩展链接"，如图8-11所示；

④点击"扩展链接"，将复制的公众号链接复制上去即可，如图8-12所示。

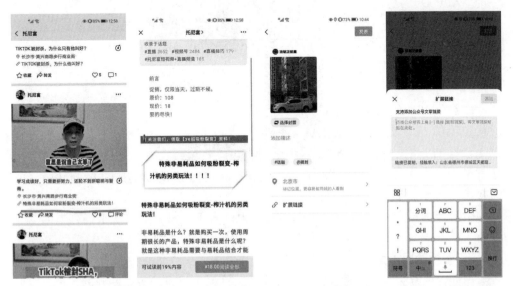

图8-10　托尼富入驻微信视频号上的知识付费阅读　　　图8-11　视频号上扩展链接功能　　　图8-12　视频号添加公众号视频链接入口

8.3.2　植入公众号的两种经典方式

（1）视频号＋公众号＋社群/APP

视频号＋公众号＋社群/APP这种变现模式是视频号＋公众号模式的延伸，即在视频号中植入公众号视频链接，通过公众号再引流到社群/APP中。

在这里公众号只是一个引子，是连接视频号和社群/APP的桥梁，展开的路径是视频号→公众号→二维码/客服个人号→社群/APP，路径变长了。正常来讲变现路径变长后，效果就会变差，这也是很多人担忧的。因此，一定做好中间的衔接环节，提高公众号内容质量，加入利益因素，引导用户主动进入最终环节。

"樊登读书会"是微信视频号上知名度比较高的一个读书类账号，以解读、推荐图书为主，推荐书是该账号变现的主要方式。变现方法就是直接在视频号中植入公众号视频链接，通过公众号视频再引流到APP中。

图8-13是"樊登读书会"的一则短视频，文案中植有公众号活动"请查收2020年的第一份礼物：7本好书永久免费"，而在视频末尾附有领取书籍的二维码，在领取的过程中逐步引流到"樊登读书APP"。

其实，这就是一个引流过程，从视频号到公众号，再到APP下载，最终达到宣传推广APP的目的。

社群/APP营销是移动互联网时代主流的方式之一，其效果也总是最好的。但缺点也很明显，那就是用户获取能力较差，往往需要第三方平台辅助引流。视频号的引流能力加上社群/APP的终端消费能力，未来必将打造出一条强有力的变现途径。

图8-13　樊登读书会用短视频引流到APP中

（2）视频号＋公众号＋小程序

这种变现方法与上一种视频号＋公众号＋社群/APP本质上是一样的，都是以公众号为媒介，将视频号流量引流到第三方平台。不同的是公众号与小程序的连接链条更短，不需要植入二维码，通过文字、图片或小程序卡片就可以跳转到小程序页面，并且还可跳转指定页面，一步到位。

视频号＋公众号＋小程序这种变现方式的关键，就是需要提前在公众号视频中植入目标小程序，这样，观看视频号的用户一旦点击公众号视频链接，就可以直接进入小程序中。

有人认为视频号＋公众号＋小程序这个变现链条更实用，因为较之社群/APP，小程序在商品推广营销能力、变现能力上更胜一筹，为品牌广告植入提供了新的可能，在各种商业推广上显得更加便捷；尤其是在知识服务、社群运营类商品上，诸如类似小密圈、小鹅通、轻课云等，服务更高效，呈现方式更丰富。

小程序具有推广营销能力、变现能力的原因有三个，如图8-14所示。

当用户从视频号内容种草商品后，可直接通过下方的链接，进入小程序商店进行选品和购买，这与抖音视频里的购物车类似。更重要的是，基于微信生态的交易闭环，从始至终，由触达用户到转化下单只需两步。

另外，视频号＋小程序开通了直播，这样就形成了公众号＋小程序直播、短视频＋小程序直播或三者相加的组合。全民直播时代来临，人人都争当风口下的那只"猪"。2020年2月17日，微信小程序直播开启公测，可直接内嵌到商家和品牌小程序，和公众号打通，直播吸引的流量都

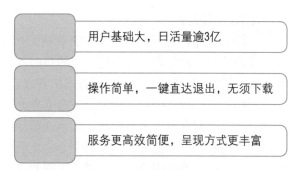

用户基础大，日活量逾3亿

操作简单，一键直达退出，无须下载

服务更高效简便，呈现方式更丰富

图8-14　小程序具有推广营销能力、变现能力的原因

沉淀在商家和品牌自有小程序，不用跳转其他渠道，有利于形成私域流量，转化率高。所以，视频号＋公众号＋小程序这种变现方法，可挖掘的潜力更大。

从视频号UP主的角度，"视频号＋公众号＋小程序"为他们新添了一个内容创作及与用户互动的渠道，多了一个变现方式。

8.4 广告植入用得巧，粉丝好感up！up！up！

8.4.1 在视频内容中植入

微信视频号中的视频以轻、爆、快的优势，成为商家和品牌互相争夺的营销新领地，而在视频中植入广告信息，无疑是一种不可或缺的形式。

在短视频中植入广告是指通过在视频比较显眼的位置或播放高潮部分插入广告，以让粉丝对品牌、产品有一定认知。例如，京东为宣传"双11"购物节活动就在视频中植入了促销活动信息，如图8-15所示。

京东是个特例，如果企业知名度、品牌影响力不是足够大，尽量不要选择这种满屏广告，让整个视频都承载着广告播放。毕竟这是一种硬植入，为避免引起粉丝反感，多数时候植入的广告都不能过于"直白"，需要掌握一些软植入技巧。

那么，应该如何在视频号中植入广告呢？可以采用以下4种方法。

图8-15　京东微信视频号
宣传"双11"购物节

（1）水印植入

水印植入即在视频画面中添加嵌有商家/产品/品牌等信息的水印，一般放在画面的边角处。这种方式既能达到宣传的目的，又不是特别扎眼，如果视频内容与商家/产品/品牌信息高度一致，这种方式更有效。

例如，陈翔六点半是一个十分富有创意的剧情类账号，擅长拍摄幽默式的情景短剧，在全网拥有很多忠诚粉丝，微信视频号也不例外。喜欢陈翔六点半视频的粉丝可能会注意到，在他们的短视频中总是能看到"陈翔六点半"的水印，如图8-16所示。这就是一种水印植入，也成了视频的一大标志，让粉丝在第一时间就能区别于其他同类视频。

从营销角度来看，这也是一种宣传推广方式，旨在扩大品牌曝光度，让粉丝在观看视频的同时能潜移默化地接受。需要提醒的是，视频中的水印信息必须是自己的，盗用他人的会被平台识别，禁止播放。

（2）背景植入

背景植入是指把商家/产品/品牌等信息植入视频的背景、装饰、道具，以及其他用以衬托视频的东西中。比如，在视频道具中植入品牌Logo、在视频上巧妙地放一个产品等，都可以将这部分信息间接传递给粉丝。

微信视频号"商业思维学坛"，视频内容都是与商业思维有关的，通过一个个视频向粉丝普及创业、管理等知识。同时，在视频多处都有背景植入，尤其是在视频即将结束时会在下方植入相关的"学习资料"，如图8-17所示。尽管这个时间很短，也就三五秒，但却成了重中之重。

这个"学习资料"发挥的就是宣传、引流作用，意在让用户知道该账号主题就是做培训的，培训的内容有哪些等。

（3）对白植入

对白植入是指通过演员的台词将商家/产品/品牌等信息传递出去，如图8-18所

图8-16　陈翔六点半视频中水印植入

图8-17　商业思维学坛中的背景植入

图8-18　某视频中的对白植入

示。这种方式很直接，也很容易得到粉丝对品牌的认同。不过，在进行对白植入的时候要注意，衔接一定要恰当、自然，不要强行插入，否则很容易让用户反感。

（4）情节植入

图8-19　5A潮拍中的情节植入

这种方式是把商家/产品/品牌的信息融合到视频特定的场景中，通过故事逻辑使广告自然表达出来。每个短视频都有特定的主题，前半部分进行主题阐述，后半部分再巧妙地转换到广告上。最终，让整个视频以一种轻松诙谐的形式展现出来，并且又不失巧妙地承载广告的内容。

视频号@5A潮拍采用的便是情节植入的形式，分析该账号所有视频发现：他们利用的是街拍概念，营造一个独特的模特走秀场景，同时巧妙地将"服装百搭"完美地展示给用户（如图8-19所示）。不但能将广告自然植入情景中，还成功地打破了人们对以往T台走秀的认知，激发用户的观看欲望。

较之前3种植入形式，情节植入效果最好，如果说前几种是一种硬植入的话，那么，这就是一种软植入，能达到"润物细无声"的效果，粉丝接受起来最容易。同时，这种植入方式难度也是最大的，植入形式与情节不融洽会对品牌有害，植入广告暴露不足则缺乏传播价值。

8.4.2　在账号信息中植入

在账号信息中植入广告是微信视频号中常见的一种做法，尽管略显简单粗暴，但不失为一种有效的方法。尤其是以提供特定服务、业务咨询为主的企业，将广告信息简单明了地写在账号简介中，更容易被人接受。

如图8-20、图8-21所示的上海迪士尼度假区、李子柒品牌就采用了在账号中植入品牌信息，丝毫不影响视频的内容，反而会让用户直截了当地获取有价值的信息。

图8-20　上海迪士尼度假区视频号账号中的广告信息

图8-21　李子柒品牌视频号账号中的广告信息

8.4.3　在文案或链接中植入

文案是短视频的主要组成部分，承载着视频中重要的信息，能很好地辅助短视频内容的呈现。微信视频号中很多爆款短视频，都归功于一个好的文案，正是有了好文案，视频才能吸引人，也才能激发用户观看、关注。

另外，文案还有一个作用，那就是引流表现。对于企业/品牌方来讲，为增加自身和商品的曝光度，可以在文案（文案链接）中植入广告，这是一种非常实用的方法，而且非常易于用户阅读和识别，如图8-22所示。

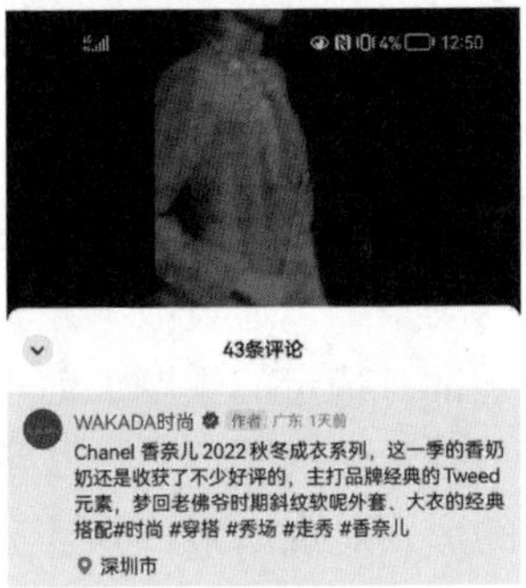

图8-22　在文案中植入广告

8.4.4　在评论中植入

爆款短视频必然伴随着大量评论，而在评论中植入广告，利用评论引流表现也成了企业/品牌方非常重视的一种方法，效果如图8-23所示。

在评论区植入广告有两大好处：第一，在于可以最大限度地引发用户的参与、讨论，因为评论是不限制字数、不限制条数的，一条热门评论可能引发大量用户参与；第二，还可以避免平台的限制。其实，任何一个短视频平台对广告的植入都是明确禁止的，无论是在视频内容中，还是在标题文案中植入广告信息，如果太频繁、太露骨，则会很容易被平台屏蔽，严重者还会被要求下架。

8.4.5　种草：击中粉丝内心，让粉丝为心动买单

商品种草是一种直接卖货的引流形式，主要以商品体验为主，通过体验带动销量，最常见的就是带货类视频。种草是随着短视频而逐步兴起的一个网络流行语，表示分享、推荐某一商品的优秀品质，以激发他人购买欲望的行为。

图8-23　微信视频号中的
评论广告

例如，如图8-24所示的美妆类视频，当用户通过视频进行观看、学习时，会自然地加深对化妆品的记忆。在这个过程中如果视频内容再对该商品进行相应讲解和种草的话，会达到事半功倍的效果，并能极大程度刺激用户的购买欲望。

在微信视频号中，商品种草是一种非常好的变现途径，那么，商家和品牌如何

高效种草呢？可以采用以下5种做法。

（1）直接秀出商品卖点

如果商品本身有亮点、很新奇或者功能非常实用，或是商品很稀缺，最好的做法就是直接秀出这些。让用户在最短的时间内最大限度地看到商品特色和优势。

曾经在抖音上卖得非常火的妖娆花，大多数人都不了解，对于妖娆花，只听其名就非常新奇。因此，大多数用户都是急于具体了解一番，于是，视频中就直接展现了其特点，妖娆花会妖娆地扭动、会吹萨克斯等，或者将妖娆花和萌宠、萌孩子放在一起制造笑点。由于商品本身新奇独特，一出现就吸引了众多粉丝购买。这是一种营销方法，只要掌握了其精髓，适用于任何平台。

图8-24　某美妆账号商品
种草视频

（2）聚焦优势，夸张放大

聚焦优势，夸张放大这个做法适用于一些没有太多特色、没有太多亮点的商品。在多总结、多提炼、多挖掘目标客户需求的基础上，争取找出一处或者几处独有的特征，然后用夸张的手法将其放大，集中呈现，以便加深用户对商品的印象。

例如，空间大是宝马GT的卖点，为了突出这个卖点，销售人员直接"藏"了12个人在车里，让不少观看者印象深刻。又如，"一键开启中控隐秘的存储空间"是凯迪拉克的亮点之一。该亮点用"藏私房钱最佳位置"放大后，成为一段时间的热门话题，仅其中一个相关视频，点赞就近10万。

（3）引发用户好奇心和参与感

适用于一些具有新奇体验、传播度比较高的产品。比如，网红美食店铺、网红景点等。

为什么海底捞"网红蘸料、西安摔碗酒"能火？就是因为该产品引起了粉丝的猎奇心理，人人都有跟风的心理，这款产品是网红爆款，人人都说好吃，并且这种吃法又很有趣，激发了大家想尝试一番的心理。

无论食材DIY还是吃法上的创新，都抓住了年轻人猎奇、爱挑战的心理，引发了品牌和食客之间的充分互动，让品牌得到快速传播。

（4）口碑呈现，突出火爆

火遍抖音的"答案奶茶"就是如此，在视频中，经常晒出门店的火爆场面，长长的队伍似乎就是在提醒你："我们是一家网红奶茶店，大家都说好喝，你不来尝尝吗？"

当然，也不是什么商品都适合种草，适合种草的商品必须是购买决策用时长，没有种草这个过程就很难实现需求的引导和强化。比如，快消品，高颜值、具有小众需求的商品，高单品价值的电子商品等。经总结，适合种草的商品至少符合3个特点，如图8-25所示。

有格调、颜值高、 自带爆点、自带流量 新品、有新卖点
独特小众

图8-25　种草商品应该符合的3个特点

（5）曝光企业日常，凸显企业文化

对于很多商品，用户关心的不只是质量、服务水平等，往往还包括所属的企业文化，尤其是对知名企业，比如，提起阿里巴巴，很多人也有兴趣关注马云的一举一动。有这种资源和条件的品牌，完全可以将企业文化、办公室趣事、员工日常等呈现出来，让粉丝看到企业的另一面。

8.5 视频号直播带货

8.5.1　视频号直播带货现状

成熟的短视频平台离不开直播和电商的商业闭环，视频号自然也不例外。有了直播和小商店的视频号，才能真正地算视频号。微信视频号经几次改版更新，终于上线了直播和小商店，这是市场的需求，也是广大用户的需求。

在短视频赛道上，2020年才正式上线的视频号，入局时间已经算得上晚。但尽管开始的时间晚，背靠微信这棵大树，视频号迅速发展成为短视频"第三极"，商业化探索的步伐也迈得非常快。

2020年10月，视频号火速推出了直播功能，并开通购物车和小店。上线直播功能意味着就可以直播带货，直播带货无疑是互联网时代最受欢迎的营销方式之一，深受商家和品牌的追捧。对于平台而言，也是一种非常好的变现模式，各大平台内部鼓励内容自媒体尝试直播带货的融合，以形成可良性循环的变现模式。

比如，以内容种草为主的抖音，聚焦年轻人潮流个性的生活态度，平台调性让内容种草＋直播带货成为品牌品效合一的最佳组合拳。

事实上，视频号也在加码直播电商业务，以2022年"双11"为例，10月31日，在各大平台开始第一轮尾款支付的当天晚上，视频号也正式开始了今年的直播"双11"活动。在整个"双11"活动期间，视频号直播推出了平台流量激励、主会场核心推荐位展示、行业运营深度指导等多项举措，帮助商家充分激活公私域。

为了商家和达人开播，视频号也推出了相应的流量激励计划：报名重点GMV场次激励计划的商家，单场峰值销售金额只要不低于10万，且累计销售金额不低于1000万元，就可以同时获得流量券和发现页曝光；达人直播间完成单场10万~100万元不等的GMV，则可以得到流量券的奖励。

而在"双11"活动正式开始之前，视频号还上线了直播加热功能。商家开启直播后，可以通过加热功能购买观看量，快速加热功能预计100元可以带来166~500人观看量，精准加热功能还可以对加热目标、加热方式、期望观众类型等进行更加精准的投放。

这个可以为直播间直接引入流量的加热功能，在"双11"期间，可以帮私域商家更好地触达公域流量，也能帮中小主播快速起号。

除此之外，视频号还上线了手势功能，主播在直播间做出点赞、比心的手势后，就可以看到相应特效，通过特效互动提高主播和观众的互动强度，增加观众停留时长。

加大流量激励，进一步完善直播生态，不难看出，视频号渴望借着这次大促狂欢，吸引更多品牌商家入驻视频号带货。

8.5.2　视频号直播开通步骤

微信视频号推出直播功能，无疑也是引导用户去做直播带货，增强自身的变现功能。进入微信视频号个人主页，就可以看到直播入口，点击发起直播就可以直接进行直播，也可以向用户先进行直播预告。预告信息显示在视频号下方，用户可以预约直播，UP主则可以撤销预告。直播开始时，预约过的用户就能收到开播通知。

开通直播功能可以进行如下操作：打开微信APP找到"发现""视频号"，点击页面右上角头像，进入"我管理的视频号"，就能够看到下方有"发起直播"按钮，点击直播即可，如图8-26所示。

但想要进行直播带货，还需要先关联小商店，开通小商店操作如下：进入"创作者中心"，点击"创作者服务"，找到"带货中心"，再进入"视频号小店"页面，如图8-27所示，按提示填写开

图8-26　发起直播界面

图8-27　开通小商店界面

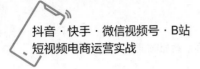
店信息、验证账户和签署开店协议即可。

8.5.3 视频号直播带货基本操作

开通小商店后，与视频号账号直接进行绑定，绑定之后，视频号运营者就可以在视频号个人主页中添加小商店和直播间，然后可以通过微信小商店发起直播，进行带货。

在为小商店中的商品直播带货时，可充分使用直播中的功能，视频号直播主要有4项功能，如图8-28圈中所示。

① 添加商品　点击直播页面右下角购物袋状的按钮，即可添加准备直播的商品。

② 发起抽奖　是指在直播中可向粉丝发起抽奖活动，在该功能中可以设置奖品名称、中奖名额、开奖时间、参与方式等。

③ 视频画面设置功能　为了使直播画面更美观、流畅，可以对直播画面进行以下设置，美颜、美妆、滤镜、手势特效、镜像、镜头反转等。同时也可切换到语音直播。

图8-28　微信视频号直播功能

④ 链接　这是为下一场直播进行预告的一个功能，如果有定期直播的习惯，可以将下期直播的信息链接在本场直播中。

直播功能的上线，为微信生态内原有玩家提供了新的经营粉丝的工具。创作者可在发起新动态的页面直接选择开启直播或发起直播预告。直播开始后，粉丝可以从视频号"关注"信息流中看到"直播中"的账号。直播账号位置正处于"关注"的下方，以竖屏画面呈现，位置醒目。在自身私域流量范围内，创作者的直播信息可实现较强的触达。

第 **9** 章

B站电商：
立足二次元文化，
加码特色电商业务

满屏弹幕、玩梗造梗、一键三连等这些B站独有的社区文化建立起了平台竞争壁垒，同时也在一定程度上决定其电商业务无法走抖音、快手的发展模式。主营产品也富有特色，如手办、图书漫画、二次元周边产品，就连服饰和电子数码产品都有比较明显的二次元烙印。

9.1 B站短视频带货

9.1.1 B站带货，选对UP主很关键

企业或品牌方想在B站中做短视频带货，第一步是选择UP主（弹幕视频网站中的投稿人）。B站是一个非常富有特色的平台，主打二次元文化，不同于抖音、快手等泛社交平台。因此，在B站上选择合作对象，也要充分了解B站主流UP主的特点，这是需要特别注意的。

B站广告投放大数据分析平台火烧云的一项数据，2021年12月到2022年3月间B站TOP 100 UP主商单数据，发现带货能力强的B站UP主有三大特点。

（1）女多男少

在100名UP主中，女性占比54%，男性占比41%，另外一部分是企业号。另外，排名靠前也是女生居多，具体如图9-1所示。

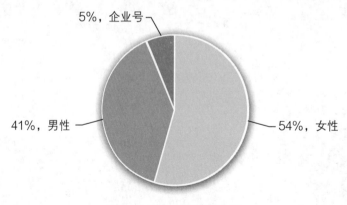

图9-1　B站UP主性别分布

（2）粉丝量级

除了性别，还需要看这些UP主的粉丝量级。TOP 100 UP主的粉丝数量大多在1万～10万和10万～20万这两个区间，具体如图9-2所示。

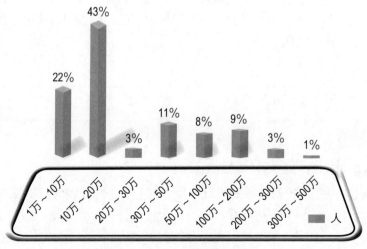

图9-2　B站UP主粉丝量级分布

这说明对企业和品牌方来说，1万～20万粉丝的UP主性价比最高。他们不是头部UP主，因此报价相对较低，但带货力又没有那么弱，有着丰富的爆款视频打造能力，会主导内容方向，能够把商品很好地渗透给用户。

总之，1万～20万粉丝的UP主，应该成为企业和品牌方做投放时着重考虑的对象。

（3）擅长的领域

不同领域的内容形态和受众有很大差异，不同领域的UP主，带货占比也不同。在B站，时尚领域UP主占主导地位，带货能力遥遥领先，占比达到60%以上；知识、美食、生活领域不相上下，占比分别为11%、10%、9%；对比之下，科技领域、动画领域、游戏领域相对较少，具体如图9-3所示。

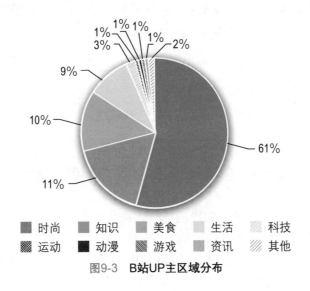

图9-3　**B站UP主区域分布**

至于如何查看不同分区的UP主带货情况，可以使用火烧云数据"热门带货UP主"功能。不仅可以自定义查看不同分区UP主的带货情况，还能详细选择带货商品所属分类，直观了解UP主的带货偏好及带货视频量等数据。

9.1.2　深刻把握视频内容和时长

决定带货能力的除UP主外，还与带货视频本身有很大的关系。对于B站电商而言，还需要研究平台上榜的视频都是什么风格，在内容策划视频拍摄上有哪些特点。

接下来，结合实例总结一下，优质带货视频的特点有哪些。

（1）视频内容

视频内容可以分为标题内容和具体内容。从带货的角度出发，它们有着一个共同之处，那就是以商品为中心，将与商品有关的信息植入标题中。

如表9-1所列是选择自B站中TOP 100 UP主的部分视频标题。

表9-1 B站中TOP 100 UP主的部分视频标题

序号	示例
1	如何快速改善鼻痒、鼻塞、流鼻涕，赶走鼻炎困扰？
2	不经意的有意｜小众平价香氛喷雾，衣服越穿越香！雪松·海洋·青草
3	电动牙刷买前必看，买对不买贵！杜绝盲目跟风！
4	天天熬夜都没黑眼圈，远离干纹细纹！告别无效眼霜！解锁正确的打开方式！
5	头痒难耐？头油扁塌？都是螨虫惹的祸！精致女生可没有大油头！
6	冲牙器小白快进！只用牙刷真的不够！牙缝都发酵了！
7	【徕芬三代吹风机】高能来袭，8款新配色亮相，锁定你风格。

表格中划线的关键词，有场景、价格、数量等，可以总结出B站爆款带货视频做内容的4个要点：

① 将用户关注的商品核心关键词，植入视频标题中，比如"防脱""鼻塞"等，目的就是率先抢占用户心智。

② 从细分领域进行专业化测评，具体可以从触、听、嗅觉等方面，详细描述商品，与其他商品形成对比，比如"小众平价""无效眼霜"等。

③ 制造差异化，视频标题也是打造差异化的一种方式，关键是要掌握自己的方法论和模式套路，给用户形成一个稳定的记忆点。

④ 注意措辞，B站是一个圈层文化极其深厚的社区性平台，用户情绪理应被考虑在内，因此视频内容也应从正面出发，多提观点和意见。

（2）视频时长

视频内容除了质量的因素影响外，总时长也是一个很重要的因素。B站和抖音、快手不同的是，抖音、快手是短视频平台，B站是中长视频平台，B站视频平均时长在10min左右，这对品牌投放来讲，更容易把理念、历史、想法都说清楚。也就是说B站的内容长尾效应非常强，对品牌来说，这就是沉淀的力量，长期的影响。

虽说B站是以中长视频为主，但也要注意不要太长。绝大多数爆款商单的视频时长都在1～5min，占比高达71%，具体如图9-4所示。

从图9-4中可看，时长1～5min的视频效果是最好的，既符合平台视频传播特征，也足以使UP主把商品介绍清楚。当然，这个时长也不是绝对通用，知识领域、科技领域的视频，往往需要有完整的故事线来带动商品，这样的时长相对可以长一些。视频时长一定要根据UP主风格和商品特性来决定。

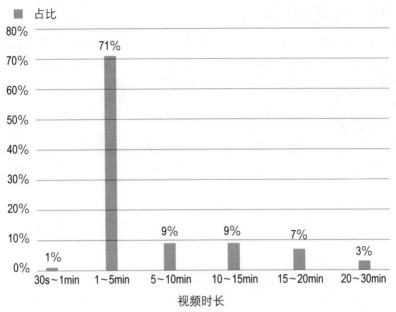

图9-4　B站短视频时长分布

（3）视频发布时间

视频拍摄完毕以后，接下来就是发布，关于发布主要是对时间点的把握。视频发布时间是非常有讲究的，要与B站用户使用习惯保持高度统一。B站用户观看视频的习惯主要集中在上午9：00到晚上21：00之间，高峰期是下午17：00至18：00时段，具体如图9-5所示。

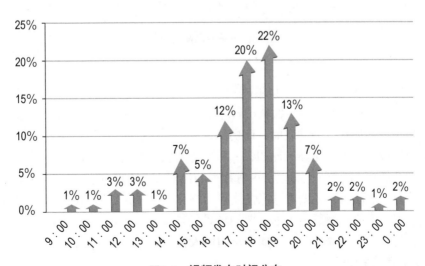

图9-5　视频发布时间分布

9.1.3 选品一定要符合平台基调

电商圈有句老话：七分靠选品，三分靠运营。选品对最终的带货效果影响很大，其中最关键的就是要契合目标人群的适用度。这就要在B站投放之前，了解B站当前的带货生态是什么样的，哪些品类会热销，客单价如何分布，以及如何提炼商品卖点。

（1）商品品类

如图9-6所示是B站某段时期内，TOP 100爆款商单商品品类分布，通过商品品类的分析可以明晰地看出，哪些是热卖品，哪些仍是蓝海，具体如图9-6所示。

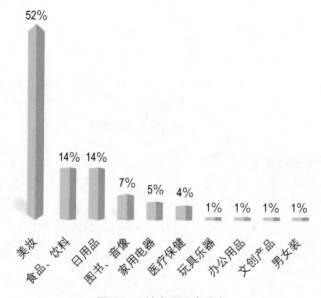

图9-6　B站商品品类分布

根据图9-6可以得出，与大多数平台一样，美妆类是最热卖的品牌，占比遥遥领先，为52%，其次是食品、饮料、日用品、图书、音像等，其他都比较少。需要注意的是，不能只看数据的表面，还要深入分析。在一些数据表现不好的品类中，也有表现比较好的细分品类，比如，一些男士商品数据表现就很突出。由此可以判断，男士商品在B站带货生态里已占有相当的比例，未来很可能也是一片蓝海。

另外，在选品时，还要看选品的卖点可视化、场景化，即商品的卖点要用视频充分去表现。不能用视频表现的，要用场景代替。比如，香水类的商品，隔着屏幕闻不到，就放在具体场景里，增加用户的代入感。

（2）商品客单价

客单价是每个用户购买商品的平均金额。短视频电商一定要考虑商品的客单价，深刻影响着视频带货的最终效果。B站带货商品的客单价普遍在100元左右，50～100元和100～200元客单价区间占比最高，总占比为71%，500元以上的占比约为11%，3000～5000元区间的只有2%，具体如图9-7所示。

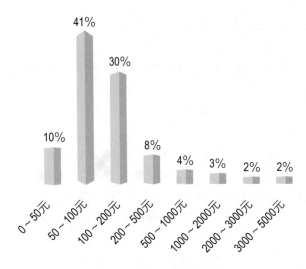

图9-7　B站商品客单价分布

每个平台的带货客单价是不一样的，整体来讲B站带货商品的客单价比其他平台价格要高些，整体消费层次也较高，这是因为B站平台的用户偏年轻，消费意愿强，粉丝黏性较高。

（3）商品卖点

商品卖点是最关键的因素，一些带货视频转化率不高，就是因为没有找准商品的卖点，或者根本没有找到核心卖点，导致很难触及用户的真实需求。

卖点的提炼可以从以下4个方面切入。

① 从用户属性提炼卖点　根据用户人群的特定属性，提炼商品卖点。用户属性越细分，目标人群就会越精准。这种方法的好处是，能够更好地吸引精准用户。

比如，以年龄、职业为卖点的"20岁""学生党""00后"，示例如下所示。

不敢相信身边的同事都是二十几岁的00后！眼睛一老毁所有！

学生党眼霜：平价快速眼部除皱，告别细纹黑眼圈，性价比王炸！

还有一些以特定时期人群为卖点的，如痛经、腰痛等，示例如下所示。

腰痛：任何人错过这个腰部按摩仪，我都会伤心，缓解疲劳佛系养生！

一次一勺：懒人必备！痛经告别无情热水！经期告别手脚冰凉！

② 从商品质量提炼卖点　商品质量是用户很关注的一点，有的用户甚至把"商品质量"作为消费第一考虑要素。以质量为卖点时，在描述上要掌握一些技

巧，可以从不同侧面进行，巧妙搭配用词。

比如，"天花板""诺奖团队背景""国家权威认证""消费者认可"等，都可以从侧面间接反映出商品的质量有保障，这种方法的好处是，可以为用户营造更强的真实感与信任感。

③ 从商品功效提炼卖点 商品功效是消费者购买商品的重要考虑因素，也是消费者在下单前非常关注的点。从这个角度提炼卖点的时候，可以想一下这些问题：我们的商品能达到什么效果？效果解决了什么痛点？满足了用户什么需求？

这种方法的好处是能够让用户第一时间感知到自身需求，并将其与商品价值链接在一起，更容易促成转化。示例中所示的"黑眼圈""防脱发""黑头闭口"等都属于功能功效类的卖点。

教你如何防脱：爱烫染、发际线后移、洗头掉一把！

有黑头必看：黑头、闭口、粉刺、痘痘如何快速解决的方法。

④ 从关键数字提炼卖点 数字是非常显眼的存在，比如，"1分钟""20岁""15天狂掉5斤""2cm"等。这种方法的好处在于，在提炼卖点时，能够让用户快速了解商品在某些方面的特点，并形成关联记忆。

除了上面讲到4种提炼卖点的方法，还可以从商品产地、外观及附加值方面入手，总而言之，找对卖点，即使普普通通的商品也会变成千万级的爆款。

另外，在凸显商品卖点时有两个注意事项：一是要分清主次，主推一个卖点，千万避免全部都想介绍；二是要仔细调研用户现阶段实际需求，因为并不是每个卖点都能够让用户心动，一些无法解决用户迫切需求，或者无法产生共鸣的卖点，就很难完成转化。

9.1.4 巧用蓝链带货

自B站开放评论区置顶推广商品购买链接后，蓝链带货就成为B站最直接、最主要的带货方式。B站的评论区向来是UP主与粉丝互动的集中阵地之一，尤其是推出"哔哩哔哩妙评"后，评论区更是粉丝的青睐之地。

评论区对粉丝的吸引力，一定程度促进了置顶蓝链的曝光度，提高了创作者带货转化率。借着平台带货风潮渐起的势头，短视频电商企业和品牌纷纷联合头部UP主跃跃欲试。

零食品牌奇多就是其中之一，它与美食UP主"神奇海挪"合作进行广告投放。而该UP主的视频也十分有新意，集中展现零食的制作过程，凸显材料的真实性，同时，边制作边互动。

在制作过程中，该UP主特意玩了一个"梗"，即复制外网已经爆火的创意料理"脆皮酥球"，但做法差异很大。芝士和意面相结合产生出黏腻的视觉体验，与外网原视频的感官体验差异很大，所以当商品出现的同时，粉丝纷纷弹幕发出疑问："官方知道你拿它商品做这玩意吗？"

这样的反差效果反而非常好，成为该UP主少有的爆款视频之一，视频传播水平远高出平均水平277.13%，传播指数高达90，播放量超623万，播粉比更是超4倍增长，如图9-8所示。同时，也给足了粉丝互动的空间，视频节目效果一键拉满。评论区必然会涌入不少的粉丝前来围观，该UP主借势在评论区置顶蓝链，完成整个推广闭环，不仅刺激目标用户消费，品牌也在B站收获高声量，如图9-9所示。

另一个UP主"疯狂小杨哥"，同样也为奇多贡献了一支602.3万的爆款推广视频，如图9-10所示，虽是搞笑视频，但商品和视频的契合度非常高，并且在小杨哥一遍又一遍魔性的表情吃法中，给粉丝留下了很强的感官记忆点。

"疯狂小杨哥"的推广视频是竖屏形式的，众所周知B站优势是横屏视频，竖屏视频是新推出的形式。然而即便如此，也没有影响评论区蓝链的曝光，光是置顶蓝链就有近7000点赞量，有效地给商品购买链接提供了一个曝光渠道。

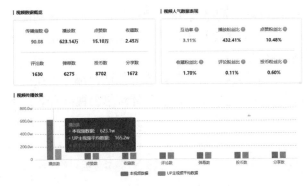

图9-8　神奇海挪短视频数据指标

图9-9　神奇海挪短视频蓝链链接

图9-10　B站UP主疯狂小杨哥推广视频

B站视频下方评论区置顶的蓝色商品链接，适用于所有花火商单，无论下单方是谁，投稿后视频评论区都会自动开启蓝链功能，无需再申请，可直接使用。蓝链的好处是大大缩短了用户的购买路径，点击蓝链直接跳转至购买页面，无须再用复制的形式进行跳转。

这种形式只要视频内容有保证，那对于品牌自身而言，就可收获最直接的私域流量。不足之处是该功能只针对单个视频有效，不包含该UP主的其他带货视频。

9.2 "姗姗来迟"的直播带货

9.2.1 有点晚，但专攻能力强

B站是直播带货领域的"新锐"，对比其他各大平台有些"姗姗来迟"。B站用户平均年龄23岁，70%在24岁以下，可以说是实实在在地以"年轻"著称。不过B站本身并不"年轻"，2022年已经创立13年，只是在直播电商赛道，这位"老兵"被同样以社交起家的抖音、快手甩在了身后。

2017年、2018年，快手、抖音先后上线了直播带货功能，B站似乎一直在观望，仅仅维持在"视频挂小黄车"的模式。直到2021年底，才首次内测直播带货，开启直播带货首秀。

2022年双11期间，进行了"双11直播电商好物节"，开设直播购物专区，是第一次大规模开放小黄车功能，正式将直播带货摆上桌面。

此次发力双11可以看出B站的直播电商业务正在加速奔跑，B站官方也在注重培养站内用户对于直播带货的意识习惯。活动期间，官方邀请站内多个领域百万级粉丝UP主进行带货。同时多方造势，如官方账号"直播电商小助手"更新多篇内容，指导UP主选品、挂车。放宽带货条件，在直播电商UP主招募激励计划中，硬性条件其实只有一个，即粉丝数大于1000，具体条件如图9-11所示。

开通条件
需同时满足以下3个条件

≥18岁并完成实名认证 ✕

当前粉丝量≥1000 ✕

近4年有开播记录
数据更新延迟1天 ✕

图9-11 **B站直播带货开通条件**

B站补齐购物功能、发力直播带货的举动，被普遍认为不是真正发力去做直播电商业务，而是为了弥补其一直以来的利润缺口。但作为商家和品牌方还是要多关注B站直播的发展态势，不要忽视其利用优质内容和社区文化已经营造起来的内在价值。并将主要精力放在如何抓住B站这个风口，思考独具特色的B站蕴藏着哪些

商机？未来会打造哪些爆品？成就哪些主播？将会讲出什么样的新电商故事？

9.2.2　对UP主的扶持和规范

要问2022年B站内受关注度最高的UP主是谁？非家装领域的@Mr迷瞪莫属。他是B站"双11直播电商好物节"受邀者之一，在10月14日开幕式上，Mr迷瞪开启了不同形式的直播带货，首场直播GMV破1.3亿元，截至11月6日销售额达到2.8亿元，成为B站带货UP主的标杆。

事实上，Mr迷瞪已在B站坚持做家装相关内容两年之久，此次可谓是厚积薄发。纵观他以往的视频内容都与家装家具有关，或者将智能冰箱拆分，证实其鸡肋功能，或者将实木家具"解剖"，揭露其"贴片"真相，或者用测压仪对比床垫的受力数据。

可以说，家装行业中的各种陷阱、潜规则，很大一部分都被他披露过，深受粉丝喜欢。部分视频截图如图9-12所示。

从内容产出到直播带货，看似是个很自然的过程，却与他及其团队这两年多坚持产出的内容密不可分，在站内同领域俨然成了行业专家，自2022年3月起，先后开播近30场，产品涉及智能家居、建材卫浴、实木家具等。早起的鸟儿有虫吃，正因为有了前期的积累，才能在站内首次电商直播节中脱颖而出。

【迷瞪】我为什么很喜欢小米，却不会买

【冰箱选购】2022年冰箱怎么选不踩坑？选购冰箱时需要重

【迷瞪】进口高端马桶釉面更好吗？看完可能颠覆认知

【迷瞪】拆个4600块地的鞋柜，这样的家具才不兴买啊

图9-12　Mr迷瞪部分视频截图

而他之所以选择于3月这个节点开播，也是有深层用意的。紧跟B站直播商业化动作，2021年年底，B站在电商领域持续加码，进行了一系列布局，包括招募UP主内测、收购支付牌照、上线"小黄车"功能在内。当B站经过10个月的筹备，正式开放"小黄车"功能时，Mr迷瞪也顺理成章地成为B站最早一批涉足直播电商的UP主。

在B站开播，抓住早期红利，先入为主。毕竟，在其他平台直播带货如火如荼的局面下，普通达人已难有新机会。而B站尚处于红利早期，其实还远未到红利期，准确地说是处在开荒期。

尽管B站的直播带货业务仍处于起步阶段，但其对主播的扶持已经迈出了第一步，例如，对UP主等级的划分，实行计分制。

（1）UP主等级：从1万、10万再到100万

UP主等级是根据粉丝量多少划分的，直接反映着带货能力。虽然这个不是绝对的，但粉丝越多的账号，权重越高，获得的流量也相对越多。

B站UP主的粉丝量通常有5个量级，100万粉丝的就是头部主播，10万～100万的就是腰部主播。每个量级对应的粉丝量如表9-2所列。

表9-2　每个量级UP主对应的粉丝量

UP主等级	粉丝量/人
1	1000以下
2	1000～1万
3	1万～10万
4	10万～100万
5	100万以上

不同等级的UP主，人数比例差距很大，级别越高的人数越少，级别越高，与下一级别的差距越大。等级5，100万粉以上的头部主播只有几百人。等级4，10万～100万区间的腰部主播，约为头部主播的10倍。每个等级的主播数量，大致成比例增加，具体的比例关系如表9-3所列。

表9-3　每个等级的主播数量比例关系

主播等级	对应人数/人
1	55
2	32
3	27
4	10
5	1

表9-3的意思是每一位百万粉丝的头部主播，对应着10位几十万粉丝的腰部主播……对应着55位不到千位粉丝的初级主播。

需要注意的是，等级1并不是指所有1000以下粉丝的普通用户，而是至少上过一次排行榜的初级主播。

由这个比例关系，就可以知道每一级主播向上级晋升的概率。毕竟，所有头部主播都是由初级主播发展而来的，知道了各级主播的人数比例。这个晋级概率的计算方法如下：

一位百万粉丝的主播，对应10位腰部主播，可以认为11个人里有1个人可以晋升到下一个等级，晋级概率是"1/11"，约0.09，按照这个算法依次类推可以推算出各级的晋升率，如表9-4所列。

表9-4　各级UP主的晋升率

主播等级	对应人数/人	晋级概率/%
1级	1	0.56
2级	10	0.54
3级	27	0.29
4级	32	0.09
5级	55	0.00

（2）主播SAN值：满值主播修炼

B站的主播实行的是计分制，就像司机驾照上每年都会有12分，每违规一次会扣相应的分。SAN值是B站主播的计分，满分也是12分，是用于规范主播直播内容，营造良好直播氛围的一种积分制度。

具体规则如下：

① 积分适用范围：此积分规则适用于所有主播。

② 积分分值：SAN值总分12分。

③ 积分扣除：根据处罚条款会对主播直播间进行相应扣分处罚。

④ 积分恢复。

a.自然恢复：恢复周期为30个自然日。从最后一次扣分开始，30个自然日内无违规扣分处罚，将自然恢复3分，以此类推，直到加满12分就不再进行回分。具体如表9-5所列。

表9-5　UP主积分扣除和恢复标准

违规扣分日期	扣分分值	剩余分值	备注
11月1日	−3分	9分	
11月2日	−3分	6分	
11月3日	−3分	3分	此为这个周期内最后一次扣分

自然恢复日期	恢复分值	剩余分值	备注
11月1日	3分	6分	
11月2日	3分	9分	
11月3日	3分	12分	分值达到12分不再增长

b.申诉恢复：主播可以通过客服渠道申诉，客服根据实际清理复查和恢复被扣分值，扣除分值按照实际扣除做申诉恢复，具体如表9-6所列。

表9-6 UP主积分扣除和恢复办法

当前分值	违规需扣除分值	实际扣除分值	剩余分值	申诉恢复分值
3分	6分	3分	0分	3分

⑤ 频繁违规惩罚：30个自然日周期内累计扣至0分将自动对该用户进行封禁（封禁时间30个自然日，30天后自动解封）。

⑥ 严重违规：将直接扣满12分，系统自动永久封禁该直播间。

⑦ 积分过低请注意：当SAN值小于或等于6分，将失去首页推荐资格。

9.3 B站的其他商业合作途径

9.3.1 花火商单

B站官方发起的商业合作模式主要有3种，分别为"花火商单""悬赏带货"和"Brand计划"。有效地将广告主、主播和粉丝链接在一起，实现多方利益共赢。

花火平台是哔哩哔哩的官方UP主内容合作平台，自2020年7月正式开放，服务过万名品牌UP主，为UP主带来数十亿收入，帮助品牌和UP主获得可持续的商业成长。

花火计划是基于B站花火平台的一种商单广告，与抖音星图任务类似，目的是为广告主和UP主提供商业交易，已经成为广告主、UP主合作最主流的一种形式。

该计划对UP主的参与要求是，粉丝≥1万，30天内发布1个视频，实名认证，创作力和影响力≥70，信用值≥90。符合要求的UP主，在花火平台上可根据自身情况制订自己视频植入和视频定制的价格，寻求与商家和品牌方合作。

在花火平台中，广告主可以看到UP主的合作价格信息以及要求，会发起邀请。从而根据自己的品牌属性、商品特性、制作要求、任务附件及期望发布时间等，选择UP主。一个任务下方可以添加多位UP主，也可以让同一UP主制作多条视频，一条视频为一个订单。

如图9-13所示的李子柒螺蛳粉关联UP主37个、完美日记某款商品关联39个。

UP主接受任务，便可以进入下一步视频制作和发布了，需要注意的是，在品牌挑选UP主进行商单邀请的时候，UP主是有权利拒绝的，因此在实行花火邀约之前，一定要与UP主提前沟通。

2022年10月9日，B站对花火平台进行升级，增加了更多样化的合作模式、营销工具，也带来了更实效的玩法。

B站电商：立足二次元文化，加码特色电商业务

排名	商品名称	商品来源	商品售价	全网销量 ▼	关联UP主数	关联视频数
1	李子柒螺蛳粉广西特产柳州螺丝粉速食方便... 品牌：李子柒 食品饮料	淘	¥34.7～39.7	100.0万+	37	28
2	花西子空气蜜粉/散粉定妆粉饼女持久控油防... 品牌：花西子 彩妆护理	淘	¥149.0	60.0万+	2	2
3	完美日记天鹅绒丝绒眉釉女V08雾面哑光口... 品牌：PERFECT DIARY/完美日记 彩妆护理	淘	¥59.9	55.0万+	39	40

图9-13　同一任务可添加多位UP主

平台升级主要体现在以下6个方面：

① 优化品牌入驻审核流程，使广告主与UP主的合作更便捷、高效。

② 新增"效果分成"合作模式。除视频、动态等标准的内容合作之外，新增"效果分成"合作模式，使品牌营销选择更丰富。

③ 增加了商业起飞、邀约广告、联合投稿等营销工具，打通内容与推广。

④ 完善筛选UP主的机制。除通过精细的内容标签筛选UP主外，品牌还可调用DMP工具，借助"自定义人群包"完成更精准的UP主匹配。

⑤ 新增消息分组等功能。通过UP主名片功能升级、私信列表新增花火合作消息分组等功能，帮助品牌与UP主高效管理合作消息。

⑥ 加强合作双方的监控。响应交易双方加强合规管控、第三方监督的诉求，对所有内容合作进行统一管理。

B站对平台的此次升级，花火能够与广告主、UP主共建更加良好的商业环境，让内容合作更加便捷、安全、高效，驱动长期价值的增长。

9.3.2　悬赏带货

悬赏带货是基于B站悬赏计划的一种方式。2020年7月，B站宣布对"悬赏计划"再升级，不再局限于淘宝，京东的商品也能够选择；带货链接也不只是局限于直播或者视频中，评论、动态都能带货。

悬赏计划是在UP主和粉丝、品牌之间搭建的协作平台，如图9-14所示。对UP主的入驻要求也

图9-14　**B站悬赏计划活动页面**

较低，粉丝≥1000个，30天内发布1个视频，并且已实名认证即可。

在这种模式下，UP主可在平台中自主选择广告主，领取广告或者商品任务，发布种草视频。种草视频可以以弹幕、视频内橱窗、视频下悬挂商品链接等方式进行，同时自定义广告文案，收益则是根据广告分成来计算的，UP主每卖出一单商品，从中抽取一定的佣金。

在大多数情况下，悬赏计划最好与花火计划搭配进行，UP主在接受花火商单的任务之后，进行视频脚本的确认、视频制作，而在视频发布的时候选择悬赏计划来打造视频和品牌商品之间的通路。

9.3.3　Brand计划

2020年816品牌日，B站正式发布"Brand新品牌成长计划"，该计划是B站基于UP主营销体系而推出的一个品牌推广项目，通过数据营销赋能，帮助有潜力的品牌在平台快速成长。该计划同时也为企业或品牌方提供营销定位分析、品牌数据沉淀、投放策略指导三项核心服务。同时，在此基础上提供站内外品牌曝光资源、UP主招募资源和内容电商合作优先权等扶持资源。

这对于旨在做B站短视频电商的企业或品牌而言，是个十分利好的信息，可以享受平台众多优惠条件。Brand新品牌成长计划招募要求如图9-15所示，满足以下3个条件之一即可。

图9-15　Brand新品牌成长计划招募要求

当然，享受这些优惠是有条件的，需要支付一定比例的推广费，不同的推广费获得的权利也是不同的，无论是品牌品类的数量还是UP主粉丝量梯度都有一定的区分。

Brand计划的不足之处是，企业或品牌没有选择UP主的自主权等。对于企业或品牌来说，纵然是将B站和它的营销体系联系得更加紧密，但事实上，当品牌方参与了计划，将商品放入待售栏目之后，就没有了自主选择的权利，这是一个比较大的制约。也就是说，尽管可以帮助品牌进行商品内容合作，嫁接商品销售渠道，但由于品牌方无法管控内容创作的细节，这将可能会限制一部分品牌进入。从另一个角度看，对于自身粉丝黏性很高、带货能力很强的UP主来说，他们并不缺少商单，所以也没有必要去参加Brand的活动。

综上所述，Brand只能当作品牌推广和营销的辅助工具。如果品牌想要有计划、有针对性地在B站做大面积的投放，并且想要与电商直接挂钩，那么就要将其作为其中一小部分配合使用，这样会达到很好的效果。

总的来说，无论是花火计划、悬赏计划，还是Brand计划，都是B站在商业化之路上的积极尝试，想要尽量减少UP主和品牌之间的沟通成本，加快品牌在B站的转化效率。

9.3.4　橱窗变现

推广分析分为"商品橱窗分析""商品橱窗列表""商品推广列表""广告推广列表"4个模块。用户可根据模块对应的数据，查看和分析推广效果。

（1）商品橱窗分析

在橱窗列表中用户可查看UP主推广的商品数量、品牌数量、商品分类、涉及的商品品牌和商品来源。

（2）商品橱窗列表

在商品橱窗列表中可以看到UP主推广的商品都有哪些，可根据商品分类和品牌名称来筛选想看的商品，还可通过分析商品关联视频数、商品售价以及全网销量来了解商品推广的情况。

（3）商品推广列表

商品推广列表是根据B站官方发起的悬赏计划，在悬赏计划中UP主可选择商品任务或广告任务，通过在视频弹幕、视频内橱窗、视频下方三个位置来悬挂商品信息，获取对应的收益。

（4）广告推广列表

同样是B站官方发起的悬赏计划，用户可通过广告推广列表了解官方近期广告推广的视频数以及平均播放数。根据广告推广的关联视频数据情况分析这方面广告对于官方和UP主的推广效果。

第 10 章

短视频＋电商问题应对策略与未来发展趋势

短视频操作简单、内容丰富，可大大满足粉丝社交和消费的双重需求，同时由于智能手机、4G（5G）网络的普及，使短视频电商发展尤为迅速，但短视频的增长红利已经过了高速发展期，竞争日益激烈。

10.1 短视频＋电商存在的问题与面临的挑战

10.1.1 短视频内容良莠不齐

短视频电商在发展进程中也出现了很多问题，想要在互联网和经济快速发展的新时代更好地发展，需要对自身问题进行优化和改进。

短视频电商潮正如火如荼地进行，短视频带货已经成为商家和品牌抢占新媒体流量的标配，但无论短视频电商前景多广阔，发展多快，也难掩存在的问题。

各类问题频现，也让商家和品牌"很受伤"。最突出的问题就是视频内容的质量良莠不齐。头部企业、大品牌的内容大都尚可，原创居多。但许多中小商家，限于自身的专业能力、创新能力，导致内容粗糙乏味，盲目跟风拍摄。有的为了博取眼球，甚至拍摄低俗猎奇、具有错误价值导向的内容。

10.1.2 主播的专业能力普遍较差

影响直播带货的第一要素是主播的专业性。明星直播曾盛极一时，但很少有明星主播登上带货主播排行榜TOP50，主要原因就是明星并非专业主播，在业务能力上比较欠缺。明星备受商家和品牌欢迎的原因是，自带粉丝流量，凭借人气很容易带动商品销售。

不过，理想很丰满，现实却很骨感，在实际操作中有不少明星"翻车"，如说不全商品的名字，不完全了解商品的功能。消费者在一次一次期盼中失望，索性就抱着吃瓜群众的心，只看不买。

正因为如此，寻找专业主播就成了商家和品牌方首先要面对的问题。然而，由于行业内缺乏完善的制度、规范，甚至缺乏比较统一的规定，因此，绝大多数主播并不具备专业性，无法讲解清楚商品的特性。于是，就出现靠"卖惨"来演绎，将情感纠纷、私人矛盾等夸张情节掺入其中，离奇剧情不符合常识、常理等现象，严重影响了用户的购买体验和对平台的信任。

尽管缺乏制度、规范的明确规定，但大多数人对主播的专业性也有一个共识性的认知。比如，对于商品及相关知识是否有足够了解，是否对市面上同类商品做过优劣势对比和分析，直播前是否深度试用过商品，以及能否在直播间应对突发情况和控场，这些都是专业能力的体现。

10.1.3 虚假宣传屡禁不绝，误导消费者

短视频平台上的假货现象非常严重，一方面是平台把控得不够严格，另一方面是相关法律法规的缺失。

不过，目前大多数平台对假货行为打击非常严厉。比如，有些人为了获取利益，不断触犯法律底线；有些人对所分享商品虚假宣传，对功能及信息参数夸大描述，恶意引导粉丝消费；或虚构或篡改数据，进行流量造假；或上演剧本，假装为"回馈"粉丝执意卖"低价商品"，自导自演与工作团队吵得不可开交；或宣传用语刻意扩大商品功效，做出过度承诺，恶意贬低第三方等。

对于这些很多短视频平台都有明确的规定，一旦违反，将面临的是下架所售商品，封停直播间的惩罚。同时，法律层面会给予相应的处罚，行业、媒体层面也会给予披露，以示警示。

2022年3·15国际消费者权益日上发布的十大消费乱象中，直播带货虚假宣传问题成为亮点。与直播有关的投诉量为7万多条，同比增长近3.5倍，虚假活动、商品质量、虚假宣传、价格误导等问题比较突出。

2022年初，某主播偷、逃税被罚6200万元，在这之前，就有不少消费者反映其多次直播带货售卖的手机出现"入网信息与工信部备案信息不符""标称手机三摄但只有一颗摄像头可用""号称256GB内存实际只有64GB左右"等多种问题。

遏制这种现象的根本方法是完善法律法规。2021年4月《网络直播营销管理办法（试行）》的出台，进一步明晰了直播行业的责任清单，对于直播平台和直播营销机构与人员分别做出了明确的规定，比如直播平台建立黑名单制度、严禁销假售假和数据流量造假等，这都为依法有效治理直播带货问题提供了有力依据。

2022年3月15日起施行的由最高人民法院颁布的《关于审理网络消费纠纷案件适用法律若干问题的规定（一）》，大部分篇幅是对直播带货问题的具体回应。从销售者责任、平台责任、直播间运营者责任等多维度，针对目前存在的主播虚假宣传、退货售后不认账、利用虚假身份信息注册、销售食品安全不过关、知情情况下为假冒伪劣商品引流销售等问题，在司法层面全面强化了新业态消费者权益的保护力度。

没有规矩不成方圆，直播带货是一种数字经济新业态，迎来了法律和各方的强监管与惩罚。同时，消费者在直播购物时，也应谨慎挑选，避免冲动消费。

10.1.4 缺乏规范、高效的监督体系

电子商务交易中，虚假宣传、货不对板、不退不换、涉嫌假货、不明链接等问题居多。这些问题也是电子商务交易中的常见问题，已有较成熟的法律法规体系和处置措施。

针对商品的介绍和展示，有《中华人民共和国反不正当竞争法》《中华人民共和国广告法》；商品质量有《中华人民共和国产品质量法》；商品的价格交易和售后等有《中华人民共和国价格法》《中华人民共和国电子商务法》《中华人民共和国消费者权益保护法》《中华人民共和国零售商促销行为管理办法》；知识产权问题有《中华人民共和国商标法》《中华人民共和国专利法》；不同品类的商品还受《中华人民共和国食品安全法》《中华人民共和国药品管理法》等相关领域法律规制。

短视频电商也属于电子商务交易，但却不能完全照搬传统电子商务的监督机制。

直播带货，它可以看作网络版的电视购物，也可视作线上商店或展销会现场叫卖，其真正改变的，是传统营销的时空顺序：传统营销是由生产、广告、地推、进场、售后等一系列环节构成的周期，被直播带货极大压缩了。后者不需要事先做广告，没有了进场和售点等，做得好，就有望实现从广告到销售的"快速变现"。

本质没有变，时空顺序变了，也就不能仅用传统的主动监管方式来监管直播带货。直播时间往往很短，监管部门有没有足够能力通过法定程序，在事前或事中发现问题并及时干预很重要。

这很可能导致监督的事倍功半，因此，监管者需要转变观念并大胆创新监管手段。尤其是针对直播带货短（行为时间短）、频（行为频次高）、快（行为变现快）的特征，应弄清一些基本的监管理念。

① 市场需要的是高效监管而非低效监管，而监管的目标是规范新业态，使其扬长避短、健康发展。

② 高效监管需要一定的观察和研究周期，以充分了解新业态发展中存在的

问题。

③ 监管政策的研究不能仅仅依靠监管部门，相关市场主体应当更清醒地认识、更主动地参与，包括进行问题剖析、技术支持和利益让渡。

④ 有的监管措施由监管部门实施可能是高成本低收益的，因此行业自律和社会共治应当成为广义监管的重要方式。

明确了这些，就能细化出一些具体问题。比如，商品质量抽检作为一项主动监管措施，如果对直播带货中的商品进行抽检，监管部门实施抽检的介入点应放在直播前、直播中还是直播后？需要注意的是无论在哪个环节，只有社会、市场、监管部门和行业各方形成统一认识，尤其是直播带货中的行业自律得到强化，监管才能真正有效。

作为一个新生行业，行业各成员形成共识后，以民事约定的方式进行自我规范，其标准甚至严于法律，这将有助于行业整体的健康发展和生存。

10.2 短视频＋电商未来发展趋势

10.2.1 用户下沉，向三、四线市场进军

一、二线市场趋于饱和，获客成本高，下沉市场便顺理成章地成为下一个追逐之地。这不但是短视频电商未来发展的一个趋势，也是所有电商的发展趋势。

例如京东，早在2014年就开始发力下沉市场，2019年10月为进一步稳固下沉市场，加快下沉市场零售终端布局，推出社交电商平台"京喜"，2020年12月将京喜升级为京喜事业群，下设4大业务，如图10-1所示。

图10-1　京喜事业群的业务架构

京东如此大刀阔斧进军下沉市场，取得了不错的成绩。据有关数据显示，京东从2020年到2021年增加了1.11亿新用户，而新增用户中大部分都来自下沉市场，占新增用户总数的70%～80%。

用户增长是所有业务增长的基础，一、二线市场的饱和已经无法支撑用户的增长，为了获取用户就必须开拓新的市场。而三、四线市场潜力巨大，人口规模高达9.5亿多，其中，移动网民规模达7.3亿，远超一、二线城市用户。而消费潜力也非常大，据CBNData的数据显示，三、四、五线城市消费者购买奢侈品的单价，在2015年已经超过一、二线城市消费者。

相对于饱和的一、二线城市，下沉市场显然更具吸引力。在这样的大趋势下，短视频电商也纷纷将优质商品与服务送到下沉市场用户手中，主流短视频平台入局下沉市场这片蓝海，采取各种措施"攻城略地"，随即开启了野蛮增长时代。其中，处于短视频电商头部的快手便是代表。

快手的核心用户大多来自下沉市场。据统计，快手用户在三线及以下城市的占比达到66.01%，拥有一半以上的下沉市场消费者。这部分人群尽管经常被忽视，但背后消费潜力却非常大。2021年，快手年度活跃购买用户为1.5亿人，商品交易总额为6500亿元，人年均消费额将达4300元，重复购买率高至70%以上。

快手从一个专供娱乐的短视频APP，到承载数亿用户的新电商平台，所依凭的便是下沉市场为其带来的流量红利。快手作为短视频巨头之一，因为其在下沉市场本身就有的优势，成为各行业抢夺的新阵地。既节省了庞大的获客成本支出，又深度挖掘了来自三、四、五线城市的隐藏购买力。

当很多电商还在一、二线城市"攻城略地"时，殊不知，已经有很多电商在下沉市场中快速崛起，得到了新的机会。短视频电商未来的趋势肯定是偏重于优质商品与服务，致力于短视频电商的商家和品牌们也要顺应趋势，从品牌定位上、价格上都要与平台保持一致，以符合更多三、四、五线城市消费者的需要。

综上所示，所谓下沉市场就是指三、四、五线城市，及以下县镇农村地区的市场。该市场用户有如下3个特点。

（1）人群特征

下沉市场的用户群体的三个明显特征：空闲时间多、对价格敏感、熟人社会。而且大部分用户群体的月收入在5000元以下。

（2）行为偏好

下沉市场用户工作时间灵活、时长短、压力小，因此需要短视频来填充业余时间，对短视频需求大。一方面是基于可供支配的收入增长，线下娱乐场所有限，且社交环境相对封闭；另一方面对知识有极大需求，线下匮乏让他们转而寄希望于线上。

（3）购买习惯

下沉市场在购买习惯上呈现两极分化：年轻人在奢侈品等高价商品上的购买力超过某些一线城市；老年人对价格格外敏感，热衷于砍价。此外下沉市场的熟人社会特征格外明显，且下沉市场的用户喜欢低价尝鲜，快手的"老铁经济"深入人心，十分利于关键意见消费者（KOC）的转化。

10.2.2　用户参与意识增强，黏性增加

如何满足用户的参与感呢？至少做好如图10-2所示的两个方面。

图10-2　满足用户参与感应做好的两个方面

（1）以有价值的内容驱动用户

互联网的快速发展，让我们所处的这个社会媒介冗杂、信息爆棚。人们的注意力成为稀缺资源，而抓住这种稀缺资源，则必须要依靠有价值的内容传递。这就需要平台提供以用户关注为核心的内容，即从用户实际的多元化、个性化审美需求出发去生产内容。这里"价值"高低的衡量标准就是能否让用户欢笑、教用户新知识、引发用户思考等，满足程度越高，内容价值也就越高。

"Benny董子初"是B站上一个美妆UP主，销售化妆品，他的短视频栏目都是与化妆品有关的，变现能力十分强。这与他的视频风格、内容输出有很大的关系，他与用户建立起了强大的信任感。

视频开始的介绍常常自黑为Benny Bitch，毒舌而又犀利的语言风格有着强烈的个人特色，而片头片尾的制作，日式风格浓烈，让人印象深刻。不得不说，这样的UP主，十分符合B站的用户群体，所以，Benny董子初可以迅速吸粉，而且粉丝的忠诚度很高。

一个成功的短视频栏目，能长久地发展，追根究底还是因为视频本身的质量高。他的短视频具有特色的地方，就是视频的封面，如图10-3所示。封面头图直观地让粉丝看到视频的主要内容是什么，看似简单粗暴，实则极其实用。

同时，为便于粉丝观看，视频栏目划分十分详细，有美妆教程，有化妆品介绍，也有日常吐槽等。其中，化妆品介绍

图10-3　B站"Benny董子初"视频封面

中还细分更多类目，按国家分，有国货、日货、欧美专题；按价格分有百元以内、百元以外；按品类分有香水、面膜专题等。

形式只是一个方面，更具有吸引力的还在于视频干货比较多，如介绍化妆品成分，不同肤质的人适合什么化妆品，对于保养和化妆小白来讲帮助很大。

长期输出优质的内容，自然会建立起与粉丝之间的信任，更方便后期的转化。对短视频而言，丰富的内容是其与生俱来的优势，基于此，短视频电商要进一步做到"投用户所好"，以用户关注的内容为核心，进行内容生产，在驱动用户的同时，提高营销成功率。

（2）以丰富的消费场景连接用户情感

互联网时代消费场景的挖掘变得越来越重要。在用户日益看重体验式消费的今天，商家和品牌更需要对消费场景进行精心构思和巧妙渲染，使得目标客户群体能够获得不同寻常的体验感，而其中的关键便在于同用户建立起情感连接并达成价值共识。

因此，短视频平台可以在内容上因时制宜，并通过精心设计，将合理的互动式消费场景融入进来，为用户营造"沉浸式体验"，让用户精神高度专注，处于体验最佳的无意识状态。在该状态之下，会表现出与内容系统持续产生关系的强烈意愿，这种强连接不但增添了更多层次传播的可能性，更为直接的是可以将潜在消费行为即时转化为现实。

有了上述条件，就可以很好地触发用户的消费行为。有价值的视频内容，是将用户注意力转化成购买力的先决条件；同时，给用户呈现理想化的消费场景，以此激发共鸣，诱发用户"购买冲动"；而视频识别、商品匹配、无时差流畅化、同界面跳转、支付等后发动作，则为用户的"购买冲动"变现提供技术保障。

不过，在此过程中，最难的是抓住用户由粉丝向消费者身份转变的关键时刻。"关键时刻"的精髓在于"在正确的时机，用正确的方法，打动正确的人"。而这也与内容价值驱动用户的理念相通。

正因为如此，短视频电商的运营理应获得这样的启示：从短视频平台角度来看，需要规划什么样的内容、构建什么样的消费场景来带动用户，让他们的情绪达到这一"关键时刻"的临界点；对于电商商家和品牌来说，又要预置需求解决方案，来时刻准备迎接"关键时刻"的到来，从而提高命中率。